3小時

図解 身近にあふれる

「**心理学**」が3時間でわかる本

「日常心[illegible]」速成班！

內藤誼人——著　陳聖怡——譯

前言

「我想學習心理學。」

「我對心理學很感興趣。」

像這樣對心理學抱有好奇心的人，近來似乎愈來愈多，甚至頻繁到令人吃驚的程度。

我自己也遇過不少這樣的人。會拿起這本書的你，應該也是對心理學多少有點興趣才會翻開來看吧？

雖然名為「心理學」，但涵蓋的範圍實際上卻大到難以置信，甚至有些領域會讓人忍不住驚呼「咦？這也叫心理學？」呢。

同樣被冠上「心理學家」頭銜的學者，只要專業領域稍微有點不同，就完全無法理解對方所做的研究——這種現象其實一點也不稀奇，心理學就是一門涉獵領域如此廣大的學問。

一般人提到心理學，往往都以為這是一門可以解讀人心、識破對方謊言的學問。

的確，也有人專門研究這個方面，但是相關研究在心理學的學術領域中，僅僅只占了一小部分。其他絕大多數的心理學家，都是在研究與此毫不相干的領域。

心理學的範疇如此廣大，實在無法只靠一本書介紹完全，但本書還是盡可能收集我們生活周遭與心理活動相關的事例，並以淺顯易懂的解說，將心理學的樂趣及深奧之處傳達給讀者。

本書的目的，就是讓大家都能夠輕鬆閱讀，並且訝異「原來這種事也能用心理學解釋啊」。

話說回來，一般人往往都抱有這類錯誤認知，所以我要在本書開頭事先聲明——心理學並不是占卜，和血型占卜、動物占卜之類一點關係也沒有。如果你的內心懷著這種期待，那麼最好還是不要讀這本書。

此外，「讀心師」也與心理學毫無關聯。那些表演只是單純的魔術，所以本書並不會談論這方面的事。本書要談的，只有符合學術根據的知識而已。

本書想儘量介紹更多領域的心理學，但礙於篇幅有限，不得不鎖定幾個特定的類別。

不過，書中依然會從商業心理學、人際關係心理學、環境心理學、健康心理學、運動心理學、政治心理學、消費者心理學、組織心理學等等，從各種領域的心理學當中搜羅並彙整主題。

倘若讀者能因本書而開始對心理學燃起一點興趣，對於身為著者的我來說，是至高無上的榮幸。願各位好好閱讀這本書直到最後一頁。

內藤 誼人

Connections

第2章 「幹勁與壓力」的心理學

第3章 「馬路街頭」的心理學

第4章 「金錢與消費」的心理學

第5章 「媒體與社會」的心理學

第6章 「工作與職場」的心理學

第1章
「家庭與戀愛」的心理學

Connections

01 夫妻吵架床尾和，放在當代依然適用嗎？

有些夫妻看在旁人的眼裡，會覺得「既然整天吵個沒完，乾脆分開就好了嘛」。但為什麼他們始終沒有離婚，每次吵架過後還能和好如初呢？

◎ 研究證實俗話說得對

俗話說：「床頭吵，床尾和。」如果從心理學的角度來看這句俗諺，會得到什麼樣的結論呢？畢竟這句話聽起來既像真的，又像假的，事實上究竟是怎麼一回事呢？

根據心理學各方面的研究判斷，這句俗語說得完全「正確」。

◎ 吵架的重點不在次數而是程度

美國德克薩斯大學（University of Texas）的研究員麗莎・內芙（Lisa Neff），針對61組結婚半年以內的新婚夫妻，做了一項為期兩年半的追蹤調查。

結果發現，**在婚後數個月內發生過中等程度的爭吵並順利和好的夫妻，之後都能繼續和樂融融地一起生活**。

只要夫妻經歷過吵架、和好這一連串的過程，就能從中「學習」到克服爭吵的方法，進而對吵架這件事產生免疫力。

根據內芙的分析，新婚初期幸福洋溢、**完全不吵架的夫妻，反而無法學會如何溝通，進一步平衡雙方的理念差異**。因此他們最後特別容易以離婚收場。

◎「吵架免疫力」幫助婚姻更穩固

有些夫妻吵架後會直接進展至離婚，這是因為他們平常不吵則已，一吵就驚天動地。如果雙方平時會發生小口角，要和好就不是太難的事。只要彼此都能學會和好的方法，往後即使發生嚴重的爭吵，也多半能夠設法解決。

這種現象恰好和疾病的疫苗接種非常相似。一開始先在體內接種危害性微弱的病菌，身體就會從感染的過程中產生免疫機制，於是對更強大的病菌也會產生抵抗力。

夫妻吵架也是同理，**只要能克服平日的小口角，日後發生嚴重爭吵時，也一樣能夠和好**。

◎ 情侶吵架多多益善？

美國貝勒大學（Baylor University）的研究員**基斯．桑福德**（Keith Sanford），針對734名已婚人士和同居人進行調查後，得出**「吵架很有益」**的結論。但這並不是說只要吵架就好了，「和好如初」才是最重要的關鍵。

有些人打從心底認為「吵架不是好事」，所以從來不對伴侶說出自己內心想說的話，只懂得一味忍讓吞聲。這樣的夫妻相處模式，表面上相安無事，但是經過再三忍耐，直到忍無可忍的時候，一切就為時已晚了。

離婚的夫妻，往往也是因為沒有透過小口角來培養免疫力，才會突然爆發嚴重的爭吵，最終結果便是雙方的關係再也無法修復如初了。

無論是夫妻還是朋友，道理都相通，如果你想和對方融洽地相處下去，**故意挑出「沒什麼大不了的事」和「芝麻小事」，和對方小吵一架，或許才是最好的感情培養辦法**。只要產生免疫力，日後發生嚴重口角時，總會有辦法解決。

一點小口角，
也能從中學習「與對方和好」的技巧

02 夫妻結縭多年，外表長相也會愈來愈相似？

結婚數十年的夫妻，兩人給旁人的感覺大多極為相似。大家是不是覺得這種現象很神奇呢？明明他們之間並沒有血緣關係，這現象的背後能夠用心理學解釋嗎？

◎ 夫妻臉的默契

夫妻和親子不一樣，兩人之間並沒有血緣關係。因此從遺傳學的觀點來看，他們應該不會長得太像。

儘管如此，長年來朝夕相處的夫妻，雙方的容貌和氣質卻往往驚人地相似。當我們在街頭或公園看見並肩散步的老年夫妻時，也常常覺得兩人的容貌相似到令人一眼就能判斷「他們肯定是夫妻」。

◎ 婚姻使兩個人更貼近彼此

美國密西根大學（University of Michigan）的研究員**羅伯·載陽**（Robert Zajonc）對這個現象抱持疑問，於是委託結婚25年以上的夫妻，提供他們現在的照片，以及25年前新婚時所拍攝的照片。

接著，他分別將這些照片給110名大學生過目，請他們判定兩人的相似程度。

結果，學生大多認為25年前的夫妻容貌不怎麼相像，但卻覺得現在照片裡的兩人「十分相似」。

新婚時明明夫妻長得完全不像，但是經過25年的共同生活以後，兩人卻長得愈來愈像了。夫妻這種關係實在很有意思呢。

◎ 不只組織家庭，更是共享感情

為什麼夫妻彼此會長得愈來愈像呢？這是因為**一起生活的人常常會產生相同的感情；只要雙方抱持相同的感情，就會不時露出相同的表情**。

比方說，總是互相打鬧、打趣彼此的夫妻，在露出笑容時會牽動到相同的表情肌。而這個動作重複多年以後，容貌就會逐漸變成彼此露出笑容時所呈現的樣子，最後夫妻倆都會擁有一張笑容可掬的臉。

反之，如果夫妻關係緊繃，彼此都會做出眉頭深鎖、斜眼瞪人的表情。經年累月下來，這個表情就會漸漸化作彼此的長相，最後夫妻倆就會長出一副兇狠的嘴臉。

◎ 相似的表情，彼此的氣質更接近

我結婚距今也差不多有二十年了，身邊不少親朋好友都說我和內人長得非常像。

不瞞各位，我自己其實也是這麼認為。現在我倆的外表，的確比新婚當時要相像很多。原因大概就在於，我跟她經常做出同樣的表情吧。

說得更精準一點，夫妻臉並不是指五官相似，而是**相同的表情使彼此的容貌氣質愈來愈相像**。婚前長得一點也不像的夫妻，經過多年相處後卻長得異常相似，也是因為兩人常常露出相同的表情。

也就是說，我們其實都比自己想像中的還要常與伴侶擁有相同的感情、露出相同的表情。

相似的不是「五官」，而是「表情」

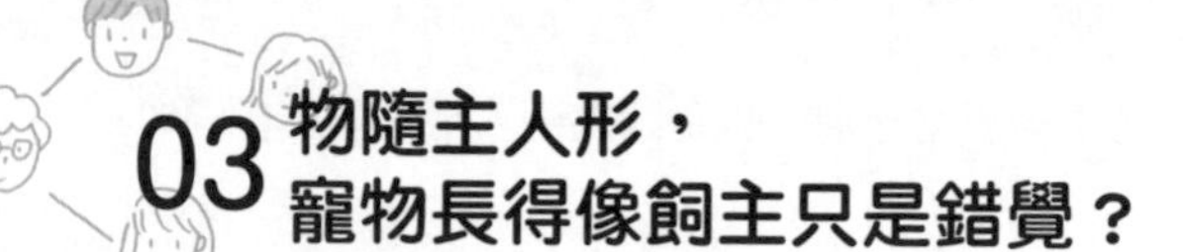

03 物隨主人形，寵物長得像飼主只是錯覺？

現代社會許多人家裡都飼養寵物，但大家是否察覺到，寵物和飼主的臉時常莫名相像呢？究竟為什麼會出現這樣的現象？

◎ 寵物與飼主培養的默契

只要在路上看到帶狗狗散步的人，我都會不由自主觀察比對狗狗和飼主的臉。

要是發現狗狗跟飼主長得未免也太像，我就會忍不住想笑出來。不知道各位讀者是否都有類似的經驗呢？

長年共處的夫妻，彼此的容貌會愈來愈相似；而同樣屬於家庭成員的寵物，也一樣會長得跟飼主愈來愈像嗎？

◎ 純種犬與飼主的相似率有六成？

美國加利福尼亞大學（University of California）的研究員麥可・羅伊（Michael Roy）委託了45名飼主（男性21名，女性24名），請他們各帶一張自己的照片與愛犬的照片。

羅伊接著將所有照片全部混在一起，請另一位判定人員配對出正確的飼主與愛犬的組合。

結果，純種犬的25組配對當中，有16組正確無誤，符合率為64%；非純種犬的20組配對當中，則有7組是正確，符合率為35%。

從這份研究可以看出，假使範圍只限純種犬，飼主和狗狗確實長得很像；但非純種犬的話，兩者就沒有那麼相似了。

◎ 點滴灌注愛的變化，還是緣分天注定？

不過，根據羅伊的說法，這場實驗雖然可以證明飼主和愛犬「長得像」，但並不能斷定是因為飼主與寵物朝夕相處，才會「愈來愈像」。

依照羅伊的解釋，飼主**早在選擇寵物的階段，就已經下意識偏好和自己長得很像的狗狗，並選擇牠作為自己的寵物**。也就是說，飼主與寵物之間本來就「長得像」。

前一單元提過，夫妻倆的容貌雖然會出現長得「愈來愈像」的現象；但狗狗似乎是從一開始就「長得很像」了。

◎ 喜歡自己的長相是人類的天性

從這個例子，可以得出一個結論——實際上，我們都很喜歡自己的長相。

可能有讀者看到這裡會忍不住反駁：「才怪咧，只有自戀的人才會這麼想吧！」但事實上確實如此，即使沒有自戀傾向，人類也一樣喜歡自己的容貌。因此我們才會下意識偏愛長得與自己相像的狗狗，選擇牠作為自己的寵物。

即使是狗以外的動物，這個原則也同樣適用。

例如長得像魚的人，通常都很喜歡魚類；長得像馬的人，也會不由自主愛惜馬兒。

大家不妨觀察一下自己周遭的親朋好友，看看是否有符合這種現象的人吧。

人類**會在不知不覺中被與自己相似的對象所吸引**，而這個傾向正好反映在選擇寵物和喜愛的動物身上。

寵物長得像飼主，
是因為飼主選擇了長得像自己的寵物

04 敦促孩子用功，只要心中許願就能達成？

應該有不少父母對根本不唸書、成績一團糟的孩子感到束手無策吧？其實有個簡單的方法，可以讓孩子主動開始唸書。

◎ 從自己開始改變的心理學法則

即便是現在成績很差的孩子，還是有可能激發他用功讀書的動力，而且完全不需要進行特別的指導。

這個辦法就是只要老師**心想「這孩子頭腦很聰明」，這位學生就會真的開始發憤讀書**了。想不到吧？竟然只要在心裡默唸，學生就會慢慢進步了。

在心理學的領域中，便是將這個不可思議的現象稱作**「比馬龍效應」（Pygmalion Effect）**。

學生會依循老師的期許，自動自發做出正向改變，但也可能反過來變得自暴自棄。

◎「心思」比「話語」更能傳達心意

比馬龍是希臘神話裡的一位國王。他愛上一尊女性雕像，並命名為伽拉忒亞（Galatea）。多年來，比馬龍始終深深迷戀著伽拉忒亞，最後竟然使這座雕像獲得生命，化為真實的女人。最終國王成功與伽拉忒亞結為連理。

人的心思，對方都能確實感受到。畢竟都能使雕像有所感應了，當然更能傳達給肉身的人類，**將對方變成自己期望中的形象，這種現象就稱作比馬龍效應**。

◎ 好的心理投射，不好的心理投射

荷蘭格羅寧根大學（University of Groningen）的研究員海絲特·德波爾（Hester den Boer），針對超過11,000的學生（平均12歲）展開五年的追蹤調查，證明比馬龍效應確實存在。

比方說，前任班導師只要認為「這名學生很有潛力」，並將這句評語交接給新任班導師，新導師就會期待這孩子的學業表現。於是，這位學生的成績就會真的愈來愈進步了。

順帶一提，比馬龍效應的效果可以持續長達五年，**不會只有一開始表現突飛猛進，之後又打回原形的窘態**。

換個角度來看，如果老師只會對學生說「你們太沒用了！」「你們都是廢物！」這種話，學生可能真的會變得愈來愈壞。

相反地，如果老師對任何學生都能給予「你們以後會成為大人物」這樣的期許，並且以這股強烈的信念教育學生，學生或許就能夠漸漸出人頭地了。

◎ 孩子會做出符合大人期許的行為

比馬龍效應不只適用學校，學校以外的狀況也是一樣。比如在家庭裡，父母**只要相信自己的孩子「一定會成才」，孩子就會依照父母的期望逐步成長**；若是心想「這孩子將來肯定不會有出息」，孩子以後可能就一事無成了。

孩子其實都很敏感，可以體會到大人對自己的期望，並且會遵循對方的期望選擇自己的行為。

如果你已經為人父母，或是為人師表，最好能對孩子們懷抱遠大的期許，好幫助他們成長茁壯。

比馬龍效應

孩子會依循長輩的期許逐步發展

Connections

05 美女的理想伴侶型，從父親外貌就見端倪？

大美女與其貌不揚的普男成雙成對，這種現象似乎不算少見。為什麼會出現這種看似不協調的情侶組合呢？

◎ 當美女與野獸從童話走入現實

我們走在街上時，偶爾會看見魅力十足的女性，和外表實在不太出眾的男性結伴成行。這種「美女與野獸」的組合，大概很令人百思不得其解吧。

不過，**心理學上有個假設，就是這些女性的父親，或許都跟陪在她們身邊的男性非常相似**。

話說回來，我曾受邀出席大學學弟的婚禮，當時也有過類似的經驗見證。我那位新郎學弟若單看外表，是個就算用客套話也實在稱不上帥哥的普男（甚至可以說是其貌不揚的醜男），但新娘卻是位非常出眾的美女。

我們這群新郎的賓客都對此十分吃驚，直到新娘的父親露面後，才終於恍然大悟。因為，新娘的父親不論是五官、體型、身高，都和我的學弟如出一轍。

當然，這個定律並不是百分百通用。心理學的定律和物理學的定律不同，符合的機率鮮少可以達到100%，頂多只有50%或60%左右，例外情況也多得不勝枚舉。

◎ 理想伴侶的共通法則

美國加利福尼亞州立大學（California State University）的研究員**亞倫·米勒**（Alan Miller），募集32名女大學生，請她們從7張男性照片當中，選出「妳的理想情人類型」。

接下來，他又請她們從中「依序排出感覺最像妳父親的人」。結果，32人裡有17人選擇感覺最像自己父親的人作為理想對象，其中8人選了完全相反的類型，剩下7人則是選擇相似度中等的人。

由此可見，**大約有53%的女性偏愛與父親相似的人**。有趣的是，還有25%的女性是因為痛恨父親，而選擇類型截然相反的人。不過，還是可以依此大致推斷多數女性都很喜歡父親。

◎ 潛藏心中的戀父情結

為什麼女性會愛上與自己父親相似的人呢？這是因為，**父親的臉是她們從小「最熟悉的男性臉龐」**。

對女性而言，從嬰兒時期開始就一直看著父親的容貌，對父親的長相最有親近感。所以長得與父親相似的男性，正是自己最熟悉的模樣，是能令她感到安心的長相。

在另一項研究裡，還指出若是父親晚婚，在女兒出生時已經有點年紀的話，他的女兒就會特別偏好「老成的長相」。

或許有些人無論如何就是無法理解，為什麼有些女人會刻意忽略年輕男子、選擇熟男作為伴侶。背後的原因其實非常單純，因為**對這些女人來說，老成的長相才是她們最熟悉的臉龐**。

愛上與父親相似的人，
是因為父親的臉最令她感到熟悉

06 遠距離戀愛阻隔時空，卻拉近兩顆心的距離？

遠距離戀愛的情侶，一定都會希望「好想跟他在一起更久／永遠在一起」。但是，保持現在的距離，彼此的關係或許才能走得更長久。

◎ 距離雖遠，風險卻比較低

情侶彼此的住家距離非常遠、但依然保持交往的關係，就稱作遠距離戀愛。

當情侶相隔遙遠的距離，相信無論哪一方都希望「好想跟他一直在一起」。

但是千萬不要忘了，雙方名正言順地搬到彼此的住家附近以後，其實才是最危險的。因為**遠距離戀愛剛結束的時候，其實才是分手風險最高的時刻**。

◎ 三個月的分手機率高達三分之一？

可能有些讀者會納悶：「蛤？遠距離結束，不是應該代表雙方再也沒有阻礙了嗎？」

畢竟在大家既定的認知裡，情侶在無法見面的時候，劈腿外遇的可能性比較高，分手的風險也不小。但是在現實生活中，「剛剛結束遠距離」才是最危險的時段。

美國俄亥俄州立大學（The Ohio State University）的研究員蘿拉．斯塔福德（Laura Stafford），調查72名遠距離戀愛的受試者；其中有36名、剛剛好一半的人結束了遠距離戀愛、再度搬到交往對象的住家附近。

普遍來說，情侶雙方再度住到彼此生活圈附近，戀情應該會比以往更加熱烈才是。然而，現實並非如此。

研究結果發現，**結束遠距離戀愛的情侶當中，有三分之一的人在三個月內分手了**。為什麼會發生這種事呢？其實可以舉出好幾個原因。

◎ 距離產生的朦朧美，交往前後始終存在

遠距離戀愛的情侶無法常常見面，只能在腦海中想像對方。這種狀態當中其實潛藏著很大的風險——**當事人很容易不由自主在腦海中「理想化」對方**，記憶也會擅自「美化」對方的形象。

因此當遠距離戀愛結束、兩人能夠經常見面以後，才會恍然察覺：「咦？他是這種人嗎？」反而產生遭到背叛的失落感。

明明是自己擅自理想化、美化對方，卻又覺得現實中的伴侶違背自己的期望，所以愛火才會迅速冷卻下來。

◎ 迴避瑕疵，也守護了幸福

實際見到本人，就一定會察覺對方討厭的地方。畢竟對方是現實中存在的人類，難免會有一兩個惹人厭的缺點。

但是在遠距離戀愛時，我們會直接忽視對方的討厭之處，這也可以說是遠距離戀愛的好處。但另一方面，遠距離結束以後，我們頓時就變得特別容易察覺對方的缺點了。

根據斯塔福德的調查，在遠距離戀愛的組別中，回答「察覺對方討厭之處」的人只有25%；但是在結束遠距離的組別中，這麼回答的人卻多達61%。

因為結束遠距離戀愛而終於可以隨時見面，或許並不是那麼值得高興的事。無法常常見面、互相美化對方的關係，反而還比較幸福呢。

沉浸於遠距離戀愛時……

不容易察覺對方的討厭之處

容易理想化（美化）對方

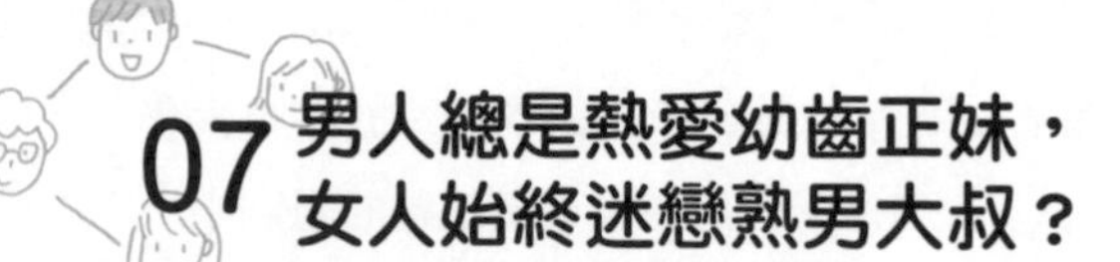

07 男人總是熱愛幼齒正妹，女人始終迷戀熟男大叔？

一般來說，男人都喜歡年輕的女孩，研究也證實這是全世界共通的道理，而女人則是普遍「喜愛年長的男性」。

◎ 未婚男性的理想年齡，平均小自己六歲

只要詢問男性喜歡的女生類型，他們多半都會回答比自己年齡更小的年輕女孩。

雖然近年來也不乏宣稱自己喜歡「年長的女性」、熱愛「熟女」的人，但絕大多數的男性應該都還是偏愛年輕女孩吧。

德國馬克斯－普朗克學會（Max-Planck-Gesellschaft）的研究員**卡爾．格拉默**（Karl Grammer），調查了登錄在交友約會網站的1,590名男性和1,048女性，發現未婚男性喜愛平均小自己6歲的女性，而已婚男性則喜愛平均小10歲的女性。

◎ 熟男總是偏愛年輕妹

為什麼男人都喜歡年輕的女孩呢？關於這個問題，大致可以舉出幾個原因。

其中最合理的解釋，就是**為了提高留下後代的機率**。

年輕女孩比年長的女性更容易生出健康又有活力的寶寶，因此男人會下意識偏好年輕的女子。

其他動物也是一樣，最受雄性歡迎的都是年輕的雌性，並且

雌性會隨著年齡的增長而漸漸失去青睞。

另一個原因，是帶著年輕女孩出門，**會讓男人覺得自己的身分地位很高尚**。

男人身邊只要帶著妙齡女郎，就會有種自我價值提升的感覺，自尊心能夠獲得滿足。

有錢的男人會把年輕女孩當作飾品一樣隨身攜帶，這就是**提高自尊心**的一種表現。

無論如何，男人喜愛年輕女郎，應該可以稱得上是普世的真理吧。

◎ 男女的喜好放諸四海皆準

美國密西根大學（University of Michigan）的研究員戴維．巴斯（David Buss），調查世界各地37個國家人民「偏好的伴侶年齡」，樣本數共計有4,601名男性、5,446名女性。

結果，**37個國家中有37國（也就是全部），男性都是喜愛年輕的女孩**。

好巧不巧的是，**37個國家當中也有37國的女性，都喜歡年長的男性**。

男人追求年輕的女孩，女性則追求年長的男性，兩者剛好完美互補。

但是，不管男人再怎麼喜歡年輕的女孩，也千萬不能對高中女生和國中女生出手。不論名義上打著援助交際、支援交際，還是其他各式各樣的頭銜，這顯然都是屬於犯罪的行為了。

男女的喜好準則，全世界都共通

08 一見如故的新朋友，其實都有一個共通點？

各位是否會對名字與自己相似的人感到親切，或是喜歡和自己生日日期相符的數字呢？這種「容易產生親切感」的心理，其實背後都有理可循。

◎ 名字相似的漣漪效應？

我們對自己的名字感覺最親近，也最有好感，這就稱作**「姓名字母效應」（Name-letter effect）**。

或許是因為這個緣故，**當我們在交朋友時，會特別傾向找名字與自己相似的人**。

舉例來說，我的姓氏為「內藤」，因此我對於「內村」、「中村」、「佐藤」之類姓氏帶有相同漢字的人，會比姓「愛川」或是「渡邊」的人更有親切感。

再從名字的部分來看，我的名字是「誼人」，所以對名叫「岳人」、「正人」等發音相同或相似的人，往往也就特別容易留下很好的第一印象。

◎ 拼音數字也適用好感準則

美國東密西根大學（Eastern Michigan University）的研究員**瑪蒂・西格爾**（Mady Segal），指出人對交友對象的篩選與本人的姓名息息相關，而且根據調查結果，有44.6%的人會把名字與自己相似的人視為摯友。

舉個例子，例如名叫「Jones」的人，會特別容易和「James」或「Jay」做朋友。

日本京都大學的北山忍教授，也透過調查，證明人對自己的名字確實抱有好感。他列出45個平假名，逐一詢問調查對象對每個假名的喜好，結果發現大多數的人都**「喜歡」自己名字裡有的平假名，更勝於其他平假名**。

以我為例，我的名字內藤誼人，假名拼音為「ないとう よしひと」，因此個人喜歡的平假名就會是「な」、「い」、「と」、「う」、「よ」、「し」、「ひ」、「と」。或許各位日本讀者也都會比較偏好自己名字裡所包含的片假名喔。

除此之外，北山教授也證明**在數字方面，也會因為自己的生日日期而透露出喜好**。像我是6月12日出生，所以「6」和「12」給我的好感就會比其他數字要來得更多。

◎名字相似，彼此也更好相處？

只要了解這個定律，在結交新朋友時，說不定出乎意料地能夠省去不少心思。

從心理學來說，名字與你相似的人，**也容易對你產生好感**，所以只要努力和對方培養感情就可以了。和這些人交流起來，可能會比和名字完全沒有共通點的人要簡單一點。

當然，名字歸名字，只要雙方實際見面交談後覺得彼此合得來，那就沒有問題了。大家可以暫且記住這個說法，當作增廣見聞就好了。

姓名字母效應

潛意識會對與自己的名字或生日有關聯的人產生親切感

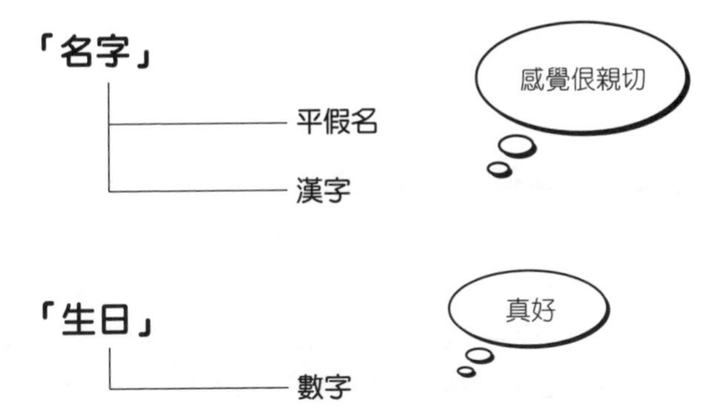

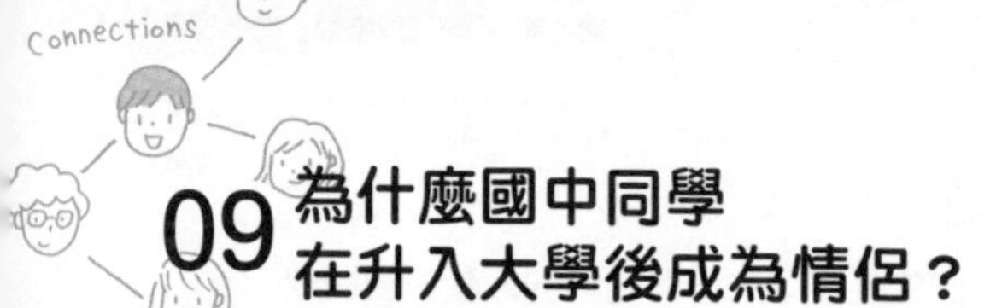

09 為什麼國中同學在升入大學後成為情侶？

我們的感情十分善變，會對特定的人感到親近，也會沒由來地感到疏遠。不過只要仔細想一想，就會發現這都深受「物理距離」所影響。

◎ 我們都比較喜歡近在身邊的人？

與我們日常交情最親近的人，就是左鄰右舍。

儘管我們和學生時代的朋友也有很深的交情，但只要彼此居住的距離太遠，終究無法經常見面，最後難免還是會逐漸疏遠。相反地，我們對住在附近的人，通常都比較容易產生好感。

◎ 決定心理距離的要素

美國加利福尼亞大學（University of California）的研究員**伊比．艾伯森**（Ebbe Ebbesen），曾廣泛向大眾調查：「你最喜歡的人是誰？」結果大約有62%的人回答住在自家附近的人，僅有一部分人的答案是住在遠方的對象。

公司職場也是一樣，和我們交情比較好的同事多半都是隸屬同一樓層、同一間辦公室，而且是坐在隔壁座位或是隔一個座位的同事。與不同部門、不同樓層的人擁有親密的交情，應該不是那麼常見的事。

也就是說，**我們對他人的「心理距離」，往往取決於「物理上的距離」**。

◎ 深受物理距離影響的「博薩德定律」

我們容易對物理上距離我們較近的人產生好印象，並且會不由自主對距離較遠的人感到疏遠。

關於這個現象，有個很有趣的戀愛法則可以解釋。那就是**我們愈容易和住得愈近的人談戀愛或結婚**。這個法則根據發現者的名字，命名為**「博薩德定律」(Bossard's law)**。

博薩德(J. H. S. Bossard)這位心理學家調查5,000對訂婚的情侶，發現其中有33%的情侶彼此住在五個街區的範圍以內。五個街區相當於不必搭電車和公車即可徒步抵達的距離，算得上街坊鄰居的範疇。

◎ 戀情始自拉近物理距離

以前的日本，也大多是住在同一個小鎮的人彼此通婚，這才是理所當然的現象。

近年來，居住距離較遠的情侶結婚已不再是新鮮事，跨國結婚的人也愈來愈多。但是在古時候，大部分都是小鎮裡的同鄉居民才會走入婚姻。

只要雙方住得近，見面的機會也比較多；只要見面機會多，自然就容易墜入情網了。如果各位讀者有特別想親近的對象，不妨考慮搬到那個人的住家附近吧。

大家可能以為我在開玩笑，但是仔細想想，只要彼此住在同一個小鎮、同一間公寓，就可以增加與對方接觸的機會，戀愛有十足的可能性會由此開始。

博薩德定律

住家離得愈近，愈容易戀愛或結婚。

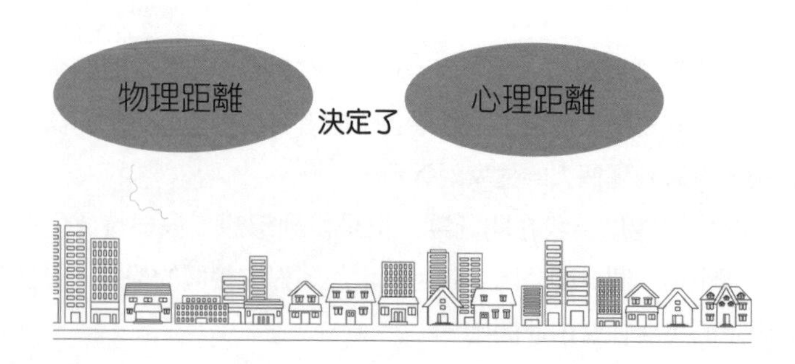

第2章
「幹勁與壓力」的心理學

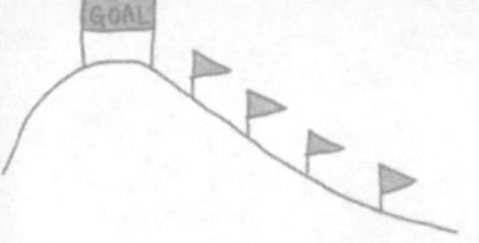

10 建立一個良好新習慣只要兩週就養成？

減肥、運動、禁煙……，想必不少人在努力培養這些良好習慣時，卻在一開始便遭遇挫折吧？但事實上，真正辛苦的只有最初的兩週而已。

◎ 行為固定成自然，時間比你想像短

想像一下你以後打算每天慢跑兩公里、飯後一定要刷牙，將這類自己過去不曾做過的行為培養成習慣。

可是要養成新習慣、蛻變出全新的自己，究竟需要多少時間呢？要努力到什麼程度，才不會覺得自己在努力、可以自動自發地做出那些行為呢？

根據英國倫敦大學（University of London）的研究員**費莉帕・勒里**（Phillippa Lally）的說法，養成新習慣所需的時間因人而異，變動範圍相當大。效率好的人平均只需要18天，慢則需要254天。

也就是說，**最快只要兩週到三週左右的時間，就能使特定的行為成為習慣**。

◎ 剛開始的兩週最辛苦

比方說，我們想要養成上健身房鍛鍊身體的習慣，真正辛苦的階段只有在剛開始的前兩週。在這段期間，我們總會不知不覺想偷點懶。

但是，只要熬過這段辛苦的時期，鍛鍊身體的行為就會轉為習慣。一旦習慣了以後，我們反而會**產生「身體不動一動就會渾身不對勁、心浮氣躁」的感覺**。

刷牙的習慣也是一樣，對於有飯後刷牙習慣的人而言，不刷牙會覺得很不舒服，無論如何都想找機會刷牙。

嫌麻煩、不想做，這種心理上的痛苦，或者說是忍耐的感覺，頂多只會維持兩個禮拜左右，所以更要努力撐過這段時間。

◎ 養成習慣的過程最忌偷懶

對孩子來說也是同樣的道理。完全不唸書的孩子，連坐在椅子上半個小時都坐不住；但只要他們能持續唸書兩週，就不會覺得唸書有多麼煎熬了。

按照勒里的說法，如果要將一種行為培養成習慣，剛開始必須每天堅持貫徹這個行為，不能有任何怠惰。**三天打魚、兩天曬網這種作法，並不能將行為培養成習慣**。要堅持不懈地做下去，在養成習慣以前千萬不能姑息自己。

若是無法每天貫徹，就得花很長的時間才能養成一個習慣。原本只要兩到三週就能養成的習慣，可能就會拉長到兩百天左右，反而徒增麻煩。

總而言之，在剛開始的兩週絕對不能寬容自己，即使是討厭的事情，也要堅持貫徹到底。如此一來，才能及早養成習慣。

養成習慣後，即使不再刻意敦促自己，身體也會自動依循習慣模式活動起來。

無論是減肥、戒煙、運動，還是飲食習慣，都會在一開始感到萬分煎熬，最重要的是別在這個階段輕言放棄，要專心全力地投入。

起初2週最辛苦，但要加油撐過！

嚴禁「三天打魚、兩天曬網」！

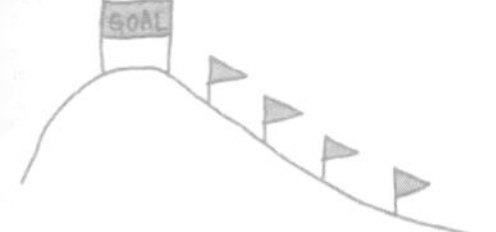

11 想要實現遠大夢想，有什麼心理學的訣竅嗎？

各位是不是都曾經有過遠大的夢想或目標，卻又認為「我怎麼可能辦到」而放棄呢？其實激發幹勁的祕訣，就是不斷告訴自己「總會有辦法」。

◎ 雄心壯志反而令人失去幹勁

日本札幌農學校的首任校長克拉克博士（William Smith Clark）曾說過一句名言：「少年啊，要胸懷大志！」（Boys, be ambitious!）意思是心懷遠大的夢想、遠大的目標，是件非常重要的事，我也是這麼認為的。

但是，不知道各位讀者知不知道，**目標太大反而會令人失去幹勁**呢？

「我很想做〇〇，但應該辦不到吧～」
「如果能△□就好了，但這大概不可能吧……」

目標要是太大，我們往往會不由自主地退縮、放棄。畢竟，遠大的目標是個非常沉重的負擔。

◎ 像切蛋糕一樣分割目標

當我們覺得目標「彷彿遙不可及」時，自然就不會產生努力的意願。那麼，該怎麼做才能鼓舞自己朝著目標邁進呢？

其實很簡單，只要把大目標分割成小目標就好。換言之，就是**訂立出靠自己就能設法實現的小目標**。

訂立目標的訣竅，便是**能讓自己在實現小目標的過程中，逐步提升目標的程度，最終達成大目標**。

如果只是小目標，我們便能不費吹灰之力拿出幹勁，鼓勵自己只要稍微努力一點，就能實現近在眼前的小目標。我們並不會想挑戰「不可能」的任務，但是在**感覺「應該有辦法」的時候，就能提起幹勁**。

◎ 妥善「控制」，才是訂立目標的初衷

美國史丹佛大學（Leland Stanford Junior University）的研究員亞伯特．班度拉（Albert Bandura），募集一群7歲到10歲的兒童，請他們現場做數學功課。

他起先交代幾個孩子：「好，大家來把整本258頁的習題做完吧！」258頁的功課，實在是個非常大的目標。

不過，他又教其他幾個孩子分割這個大目標，告訴他們：「你們每天至少要寫完6頁的功課喔，這樣大概40天左右就能全部寫完了。」

實驗最後，究竟有多少孩子能把這本習題全部做完呢？

在所有孩子當中，那些被指定完成大目標的孩子裡，其中只有55%的學生如實完成整本習題。可以說，大約有半數的孩子做到一半就無法堅持而放棄了。

然而，將數學功課分割成小目標的孩子，卻有高達74%的學

生寫完習題，相當於有四分之三的孩子成功達成目標。

擁有遠大志向固然是件好事，但是當目標大到讓你覺得「好像不太可能」時，請把它分割成更小的目標吧。

持續分割目標，直到自己感覺「這點程度應該會有辦法」。**妥善控制目標，就是達成目標的祕訣**。

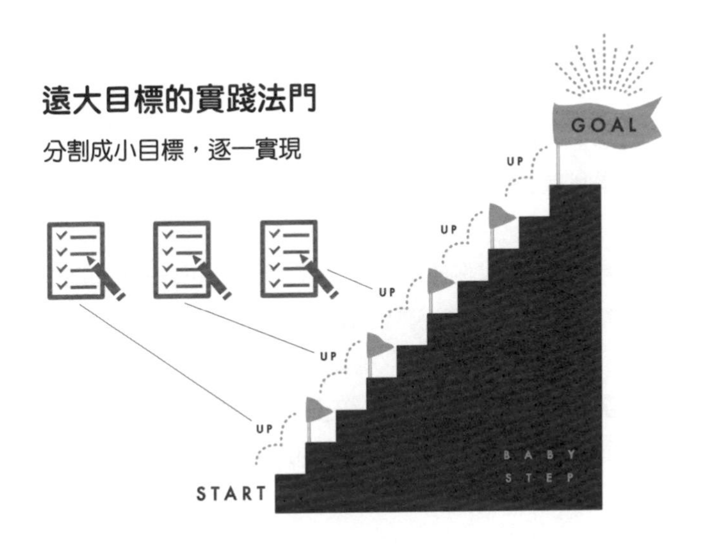

12 成功令人失去警戒，挫折讓人懂得謙卑與反省

當我們本能地樂觀相信事情一定會順利進展時，就不會去懷疑自己的作法真的沒問題嗎？萬一失敗怎麼辦？但是，這種毫無反省的狀態非常危險。

◎ 失敗是成功之母

不管是考試、求職就業、工作都一樣，失敗這件事本身並沒有問題。對我們來說，遠比勉強還過得去的狀態要有益多了。

為什麼失敗是件好事呢？因為**失敗可以督促人反省**。

哎，人要是沒有嘗到失敗的滋味，根本就不會想反省、改善自己。在事情一切順利的時候，我們也幾乎不會想要改正自己的缺陷吧？

唯有經歷過失敗的人，才知道要反省。

「可惡，如果我再多加把勁就好了！」

「要是我有那麼做就好了，真不甘心！」

這股心情，可以促使當事人思考以後如何改善自己的缺失。為了將來著想，失敗對我們是具有正向作用的。

◎一次勉強達標，召喚未來多次失敗

美國聖母大學（University of Notre Dame du Lac）的研究員

蘇珊娜·納斯可（Suzanne Nasco）做了一項實驗，她請來293名大學生接受兩次考試，兩次考試的間隔是一個月。

結果發現，第一次考試成績慘兮兮的人，在第二次考試多半都拿到了好成績。因為他們深切反省過「這樣下去怎麼得了！」於是才在第二次考試來臨前用功讀書。

但是，第一次考試成績普通的人，會樂觀地想著「什麼嘛，看來我不需要怎麼唸書也能考到這種分數」，結果在第二次考試中拿到了慘不忍睹的分數。

◎邁往成功大道，必行經失敗的小徑

俗話說「失敗是成功之母」，失敗絕不是壞事。因為它能讓人發憤圖強，在下一次做得更好。

人在一帆風順時並不會反省，因為沒有那個必要。這種狀態其實非常危險，**會讓人在沒有絲毫準備下面對將來的發展**。

會因為現狀十分順利而提醒自己「這樣下去真的沒問題嗎？」的人，也沒有必要刻意讓自己失敗、體驗慘痛的教訓，更何況鮮少有人會在那種狀況下反省自己。

失敗的時候，我們會意志消沉、懊悔萬分、大失所望，但**別把失敗當作失敗，而是要當作「機會」**。只要將來成功了，一兩次的失敗也能成為日後的笑料，要講幾遍都不成問題。

有些上了年紀的長輩會說「人就是要失敗才行」，想必大家應該都能了解這句話的意義了。失敗才是我們反省、改善、前進的原動力。

失敗就是「機會」!

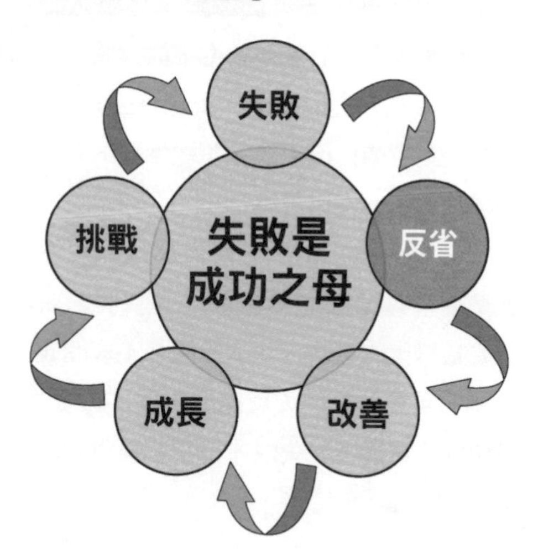

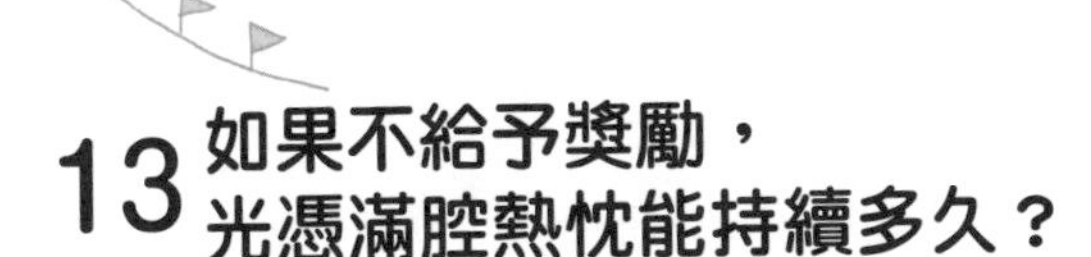

13 如果不給予獎勵，光憑滿腔熱忱能持續多久？

能夠使我們努力不懈的動力，就是「獎勵」。傳統的心理學認為報酬會削減人的幹勁，但現在的觀點卻是截然相反。

◎ 獎勵會使人失去幹勁？

我讀到有點早期的心理學書籍時，曾看到書裡主張「獎勵」和「報酬」會使人失去幹勁。

比方說孩子在唸書時，如果對他說：「你好用功喔，給你一點零用錢吧。」反而會讓孩子失去唸書的動力。

或者當孩子在畫圖時，要是稱讚他：「你畫得好棒喔。你這麼厲害，請你吃點心。」孩子就不會再繼續畫畫了。

但是，近年學說已經證實，獎勵並不是只會讓人失去幹勁，反而還有提高幹勁的效果。

◎ 有獎勵才能努力？

美國德拉瓦大學（University of Delaware）的研究員**羅伯特．艾森伯格**（Robert Eisenberger）以獎金作為報酬，邀請約300名五、六年級的小學生畫圖。

結果發現，加入獎金這個條件並沒有減少孩子們的幹勁，他們也沒有因此畫出毫無創意的圖畫來敷衍了事。

相反地，**畫完就能領到錢當作努力的獎賞，反倒令孩子們更**

加驚喜，絞盡腦汁要畫出好作品。

只要仔細想想，就不難發現這是理所當然的結果，因為人類本來就非常懂得精打細算。**有獎勵就願意努力；沒有獎勵哪有繼續努力的道理。**

◎ 海豚的才藝表現也取決於獎勵

水族館的人員在訓練海豚表演才藝時，海豚也是只要大跳躍就有餌吃，才會不斷跳出水面。**要是沒有誘餌，飼育員也不開口稱讚的話，牠們才不會做這種毫無意義的跳躍**呢。

職場工作也是同樣的道理。或許有些人是真心覺得工作本身樂趣十足；也有人不介意少領一點薪水、只求有工作就好。

但即便是後者這類對工作沒有多少要求的人，要是拜託他們：「這份工作完全不支薪，希望你能當志工，免費服務社會。」想必他們完全不會猶豫半分，直接當場開口拒絕了吧？

即使因為諸多緣由，最後還是勉為其難地接下工作，多半也無法提起半點幹勁。

◎ 人類其實沒那麼擅長努力

報酬不管是獎金、獎狀，還是什麼都行，就算只是讚美之類的口頭報酬也無妨。總之，若是沒有足夠的獎勵，人是沒有辦法投入努力。

當各位準備著手去做會令你提不起幹勁的事情時，最好先給自己設定一份獎勵機制，比方說**和自己約定好「只要能努力，就好好犒賞自己」**。

重要的是事先準備好獎勵，才能讓自己持續努力下去。

14 完善的老年照護，反而有礙身心靈的健康？

我們經常在不知不覺中，對老年人或是小孩脫口而出「我幫你做」。大家可能以為這是一種溫柔體貼，然而背後的意義卻值得我們省思。

◎ 凡事伸出援手並不是溫柔

每個人在年老之後，手腳都會愈來愈不靈活。但是，是否該多多主動照顧這樣的老年人，或許是個值得思考的問題。

無論如何，凡事都幫老年人打理妥當，並不是一種溫柔。

◎ 託付能使人更有活力

這裡就來談談關於這種現象的研究資料吧。美國耶魯大學（Yale University）的研究員**茱蒂絲．羅丹**（Judith Rodin），在某間老人養護機構做了一項實驗。這個設施原本是由工作人員為老人打理所有生活大小事，像是幫他們穿衣服、準備餐食、打掃房間、幫忙洗澡等等。

然而，羅丹卻請設施裡的各位老年人，自行處理這些由工作人員負責的事。當然，如果他們實在辦不到，還是會有人員從旁協助。

此外，人員還會指示他們「○○太太，記得要澆花喔」、「○○先生，麻煩你打掃浴室喔」，**讓他們擔負更多原本應該是由工作人員完成的工作**。

結果呢，18個月以後，這個設施裡的老人都變得比以前更有活力、更有精神了。

在此之前，這群老人根本無事可做，只是整天坐著看電視。如今他們卻常常主動走到庭院、在菜園裡種菜、自行整理房間。

不僅如此，他們的社交程度也提高了，變得經常與人交談。明明在這之前，他們在走廊上都是直接與人擦身而過，連招呼都不打。

在實驗以前，該機構每年的平均死亡率是25%，事後也下降到了15%。

◎ 鼓勵對方獨力處事也是一種溫柔

因為是老年人、因為是身障人士，凡事都替他們處理妥當，這對本人來說並不是什麼好事。反倒是讓他們儘量做他們能力所及的事，這才稱得上是一種溫柔。

這個觀點也適用在育兒方面。

有些父母會因為孩子很可愛，所以凡事都把他們照顧得服服貼貼，但這樣真的好嗎？

我能充分理解凡事都想為孩子奉獻的父母心，但是從結果來看，對孩子並沒有好處。

父母要是任何一點雞毛蒜皮的小事都搶著幫孩子處理，反而會讓孩子漸漸失去生活的精力。

大家最好記住這點教育原則——對孩子稍微冷淡一點，也是一種嚴厲的溫柔。

同樣的道理也適用於職場。要是主管搶著把應該由下屬負責的工作項目全部做完，結果只會導致下屬毫無長進，無法從中學習新技能，也提不起任何幹勁。

實際上，生活當中有很多事，都應該要**讓每個人依自己的能力範圍儘量嘗試，才能真正對一個人有所助益**。

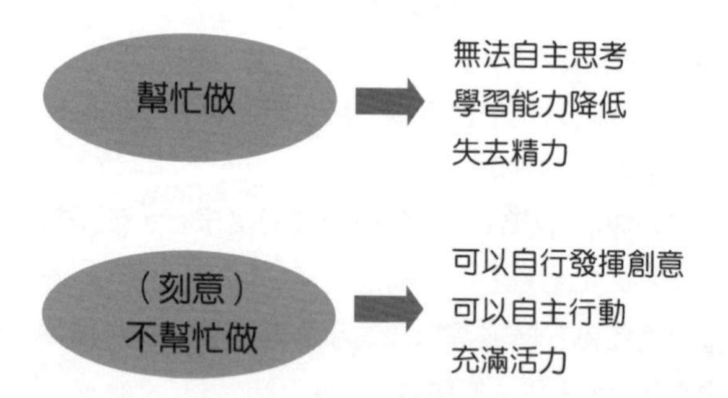

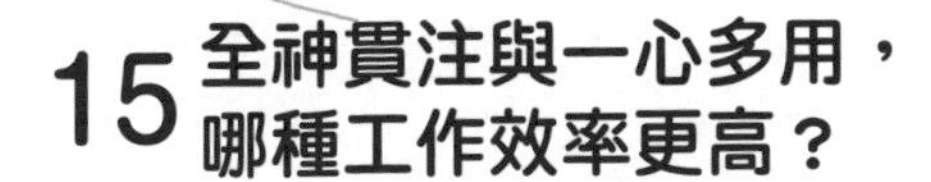

15 全神貫注與一心多用，哪種工作效率更高？

大家應該都會在讀書讀到煩時，打開電視或是聽著音樂，同時繼續讀書吧？但是，短時間的高度專注，才是提高讀書效率的真正訣竅。

◎ 一心二用與分心是同義詞

我們打算讀書的時候，如果只是坐在桌子前面對書本，往往會讀到很厭煩。所以，應該很多人都會「一邊看電視」、「一邊聽音樂」，或者是「一邊聽廣播」讀書吧。

這些讀書法都是在讀書的同時做其他的事情，所以又稱作「一心二用學習法」。

話說回來，這種「一心二用」的方法真的有效嗎？直接從結論來說，這種讀書法不太值得鼓勵。

一心二用或許真的能夠延長讀書的時間，但這只是單純的「加長讀書時間」，並不代表能夠專心吸收讀到的內容，反而**會擾亂集中力，導致學習效率低落**。

◎ 效率最差的讀書模式

荷蘭萊頓大學（Universiteit Leiden）的研究員**瑪莉娜・波爾**（Marina Pool），曾經給160名高中生出一份作業，測量他們花了多少時間完成。她還另外請不同的學生進行「一心二用學習法」，以便作為對照組。最後得出以下的結果。

▼條件	▼完成作業所花費的時間
同時看電視劇	40.43分
同時看音樂影片	35.03分
同時聽廣播節目	36.05分
不同時做其他事	33.08分

如以上數據所示，最快做完習題的學習模式是「不同時做其他事」；而效率最差的則是邊看電視劇邊寫作業。

要是一邊看電視、一邊寫作業，寫字時肯定會不由自主受到節目內容吸引，注意力頻頻被打斷而無法集中，結果就會不斷拖延讀書的時間。

◎ 追求長度，還是追求效率？

可能有人認為「我只要邊看電視邊唸書，就能持續念六、七個小時」，但這其實是**因為「注意力不集中」才會讀得特別久**。也就是說，這只是「想著要讀書」而已，並沒有真正讀到書。

學習效率不一定會與讀書時間成正比，單純延長讀書時間並沒有任何意義。不如放棄「一心二用法」，**全力專注讀書一個小時，反而能吸收更多知識**。

既然要讀書，當然就要盡可能縮短時間，全神貫注在書本上，投入相同的時間卻能讀進更多書，這才是最好的辦法。從這點來看，堅決放棄「一心二用學習法」或許才是正確的選擇。

一心二用

無法集中
效率差

短時間集中

大約每小時
告一個段落
才能吸收更多內容

16 每天感覺喘不過氣，消除壓力有心理訣竅

生活絲毫沒有壓力的人，應該很少吧？現代人大多分成善於應對壓力，以及無法處理壓力兩種類型。這裡就來介紹一些建議大家多多採用紓壓的心理小技巧。

◎ 壓力必定會發生

每個人的日常生活，少不了需要面對令人心生煩躁、備感壓力的事，而且這些難題又往往超出預期。所以，我想在這裡提出一些能儘量減輕這些壓力的心理技巧。

話先說在前頭，最重要的是大家一定要清楚認知到，**再怎麼設法躲避，也無法完全避免造成壓力的事情發生**。引發精神壓力的事件，無論如何總會逼近眼前，強迫你去正視它。

因此，大家最好一開始就要認清事實——**人生不如意，十常八九**。只要能夠事先料想到「一定會有壓力」，就能做好心理準備。**事先有充分的心理準備，即使真的遇到了壞事，通常也會有辦法應變**。

舉例來說，這就像是你的肚子突然被人揍了一拳，肯定痛到不行；但要是你事先集中力量於腹部，就算之後被揍也不會那麼痛了。可見人只要先有心理準備，就能設法應對突來狀況。

◎ 重點在於「預知壓力」

事先料想壓力發生的狀況，稱作**「預知壓力」**。能夠預先感知

壓力，我們就不會感到那麼痛苦了。

比方說，只要事先預測上班時間肯定會有電話進來打擾自己的工作，到時就算真的有電話打來，我們也不會覺得不耐煩，而是會輕鬆想著「看吧，果然有電話來吵我」了。

我們只要認定主管本來就愛罵聲連連、開口沒半句美言，就算被主管點名責備，我們也會覺得「啊，果然還是老樣子」，不至於把事情看得太重，便可以平常心應付對方。

如果能像這樣事先預知壓力，就不會感覺到壓力了。簡單來說，只要把壓力當成稀鬆平常的事，壓力就不會造成我們沉重的負擔了。

◎ 預先設想方是根本之道

美國杜克大學（Duke University）的研究員**安德魯．卡頓**（Andrew Carton），招募70名大學生從事一項需要專注力的工作。這項工作的內容是閱讀一篇文章，並且畫線標記出所有以「A」開頭的單字。

卡頓先告訴其中一半的學生「途中會有監視人員來打斷你們看稿」，讓他們預知這項工作設有妨礙。而其他一半的學生沒有獲得事先警告，因此在作業途中頻頻受到打擾。

結果，這群學生能夠專心到什麼程度呢？卡頓用擦掉標記線的方式計算兩組學生找出的單字數量，發現已預知會迸發壓力的那一組平均標出144.11個單字，而沒被事先告知的一組則是125.84個單字。

由這個實驗可見，人只要能夠預知「壓力源即將出現」並做好心理準備，就可以在不太會感受到壓力的狀態下專心作業。

就結論而言，我們不該心懷僥倖，期待生活永遠不會發生討厭的事，而是隨時做好心理準備。**告訴自己「討厭的事必定會發生」，並預設好「到時候有哪些辦法可以解決」，這才是紓壓的訣竅**。請大家務必建立這種認知。

「討厭的事總會發生！」
問題在於難題來臨時，
該如何處理！

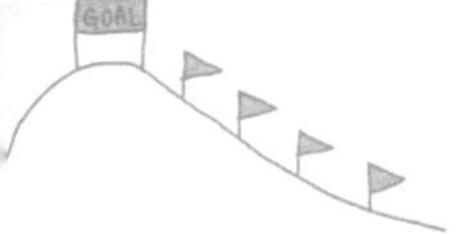

17 想提升「壓力耐性」，就要馬上去運動？

前一篇已經談過妥善應對壓力的方法了，這一篇就來介紹有效的紓壓方法，而且每個人人都適用。

◎ 善於紓解壓力的人，都有共通點

在這個世界上，有的人很容易累積太多壓力，也有的人很擅長紓解壓力。

後者共同的特質，就是**「擁有運動的習慣」**。

每天都會規律外出散個步、慢跑一下的人，都不太容易感受到壓力，或是能夠妥善處理壓力。

對於沒有運動習慣的人而言，往往覺得活動筋骨「好麻煩」、「太懶了不想動」。

但是，只要實際讓身體動起來，就會明白運動真的是一件滿舒服的事。

事實上，**人只有在剛開始運動時才會嫌麻煩，一旦下定決定活動筋骨，肯定會打從心底認為「好像還挺有趣的嘛」**。請大家務必親身挑戰看看。

◎ 運動的心理效果

美國紐奧良大學（University of New Orleans）的研究員琳娜．席維斯崔（Lynette Silvestri）詢問21歲到65歲的男性，請教他們認為運動有什麼樣的心理效果。

結果，**有70%的人回答「可以減輕壓力」**。可見運動有顯著的紓壓效果。

不僅如此，還有47%的人回答「運動可以令人放鬆」。

大家可能以為運動只會讓人更累，但實際上效果卻是相反，運動能夠令人放鬆身心，感到神清氣爽。

另一方面，研究資料也顯示沒有運動習慣的人，容易不由自主地悲觀起來。也就是說，**不運動的人滿腦子都是灰暗、厭世的想法，三不五時就會感到心情沮喪**。

關於這一點，相關研究也說明了有運動習慣的人，都能樂觀正向地看待一切事物。換言之，人只要習慣運動，悲觀的想法就會不知不覺地漸漸消失無蹤了喔。

◎ 心靈的回饋多於生理

運動當然有益身體健康，大眾媒體也往往這麼極力鼓吹。不過我認為比起體態改善或提升免疫力這些生理轉變，**規律的運動習慣對心理健康更加有益**。

只要養成運動的習慣，我們就不會因為一些芝麻綠豆的小事沮喪不已，而是能夠抱持開朗積極的心情，想著「這算什麼，下次一定會更好！」即使遇到不高興的事，也能放鬆面對。

總而言之，運動的好處多多，更可以為自己**培養壓力耐性**。

藉由運動提高壓力耐性

有運動習慣的人

○ 可減少壓力
○ 能夠放鬆

完全不運動的人

× 滿腦子負面思想
× 容易沮喪

18 主管三不五時愛刁難，有辦法化厭惡為動力？

接下來是「壓力系列」第三彈。這次要談如何將討厭的事「曲解」成正面的意義。只要達到這個境界，或許連壓力都有辦法變成幸福源頭喔。

◎ 事物的意義取決於觀點

即使是有壓力的事，只要轉個念一想，就能讓人完全感受不到壓力。

再怎麼悲慘的事，只要換個角度思考，不僅不會讓人覺得有絲毫壓力，還會心懷感激。

舉例來說，假設公司裡有個主管，總是用十分嚴格的態度對待你。他明明不會用那麼嚴厲的態度指導其他同事，卻偏偏只對你百般挑剔。

如果不要用負面的觀點看待主管討人厭的態度，而是用正面的方式解讀他的言行，那會得出什麼結論呢？

「我跟他一點交情也沒有，他居然願意這麼熱心指導我！」
「看來主管不是討厭我，而是真的非常愛護我！」

只要能這麼思考，你就不會因為主管的態度而備感壓力了，反倒還會覺得很高興也說不一定。

當我們感到厭煩時，最重要的就是換個思緒，**以感恩的心態**

解讀對方的動機。當你覺得有點悲觀時，就立刻把思緒切換到樂觀模式吧。

◎ 負面曲解成正面

美國田納西大學（The University of Tennessee）的研究員艾琳・歐瑪拉（Erin O'Mara），針對82組新婚夫妻進行四年的追蹤調查，證明**感情愈好的夫妻，愈會正面解讀對方的態度**。即便是令人備感壓力的事，也能全部以樂觀的心態接納。

比方說，當另一半煮的料理調味太淡時，別抱怨「他廚藝真爛」，而是要想成「他是為了我的健康著想才特地減鹽，真是貼心啊」，這樣轉念才能使婚姻生活幸福美滿。

畢竟**壓力這種東西，終歸只是一種主觀的認知。**

只要當事人不會對某件事感到厭惡、不悅，那件事就不會為他帶來壓力。

如果你不想累積壓力，就要讓自己不會感受到壓力。

想要達到這種境界，就是時時刻刻都以正向樂觀的心態來解讀事物。

◎ 連壓力都能變成幸福，有可能嗎？

不論置身於多麼悽慘的狀況，只要想成**「這是在鍛鍊我的心靈強度」**，就不會感到痛苦了。

即使你在公司裡被交代的工作多到堆積如山，也可以當作是一場意志力的修行。

人人都有一項特殊的能力，那就是即使身陷苦難之中，也能轉念將痛苦化為幸福。登山和馬拉松就是最好的例子。

不管是隨身背負重物攀爬陡峭的山坡，還是持續慢跑幾十公里，如果只是把中間付出的心力當成單純的行為來思考，肯定會覺得痛苦萬分。然而，卻依舊有人能夠滿心歡喜、像是灌注信仰般投入這些活動。

這或許是因為，他們在大腦中以樂觀的心態，化解了過程中的苦痛吧。

事物的意義取決於「觀點」

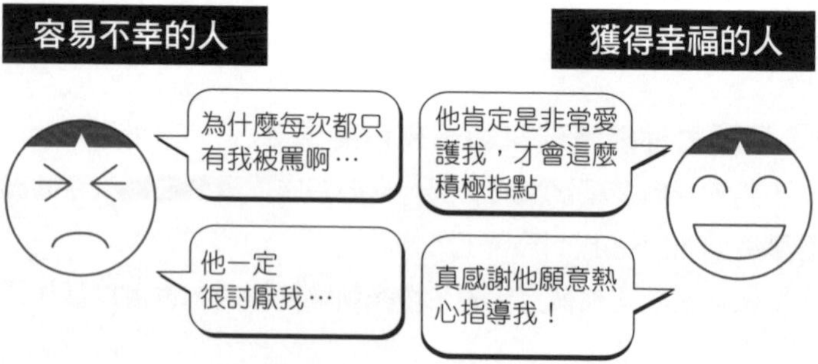

容易不幸的人

為什麼每次都只有我被罵啊…

他一定很討厭我…

獲得幸福的人

他肯定是非常愛護我，才會這麼積極指點

真感謝他願意熱心指導我！

19 總之先笑一個，這種安慰真的有效嗎？

要對意志消沉的人說「總之先笑一個吧」，其實很需要勇氣。感覺似乎會惹怒對方，甚至被罵「你當我是白痴嗎」。事實上，強顏歡笑的確能讓心情舒坦起來。

◎ 表情能夠牽引心中的感情

我們的心靈和感情，會受到自己當下的表情所影響。即使我們一點也不覺得有趣，但只要「哈哈哈」地笑出聲，就會莫名開始感到可笑；即使一點也不覺得悲傷，但只要露出哭喪的表情，也會莫名感到心情沉重。

倘若我們遇到辛苦的事、難過的事，只要「哈哈哈」地笑出來，就不會感到那麼悲傷，或許還會覺得很有意思呢。

當你感覺肩頭壓力很重時，就儘量想著「齁！這未免也太辛苦了吧，我都要笑了」。**然後一定要真的笑出來**，這樣才能讓壓力徹底煙消雲散。

◎ 安靜的環境並不會減輕壓力

美國賓夕法尼亞州阿勒格尼學院（Allegheny College）的研究員艾美．丹佐（Amy Danzer）邀請38名女大學生協助實驗，研究什麼方法最能有效減輕壓力。

丹佐分別比較受試者聆聽爆笑脫口秀的錄音、地質學課堂的錄音、安靜放輕鬆這三種條件的紓壓效果，結果只有聽爆笑脫口秀的人確實減輕了壓力。

由此可見，**笑可以讓心靈愉快起來，減少壓力**。

閉上雙眼放輕鬆冥想並不能減少壓力，最重要的還是多多主動展露笑臉。甚至也不需要笑得太久，**只要大約一分鐘，就能充分減少壓力了**。

◎ 哪怕強顏歡笑，也多過沈默以對

美國紐澤西州費爾里·狄金生大學（Fairleigh Dickinson University）的研究員**查爾斯·紐霍夫**（Charles Neuhoff）做了一項實驗，他募集一群21歲到43歲的成年人，請他們在一分鐘內勉強自己保持笑容。**一分鐘過後，每個人都明顯感到「舒坦」多了**。

只要一分鐘就能改善心情，想必世上沒有比這個更簡單的辦法了吧！

不管是臨時被上級交代工作、在簽約前夕遭到對方毀約，還是去拜訪客戶公司卻忘記帶重要文件，一旦發生令你備感壓力的事，不妨把自己關進廁所之類的密閉空間，告訴自己「現在只能笑了」，然後哈哈笑出聲吧。這樣或許就不會讓你意志消沉、垂頭喪氣了。

第3章
「馬路街頭」的心理學

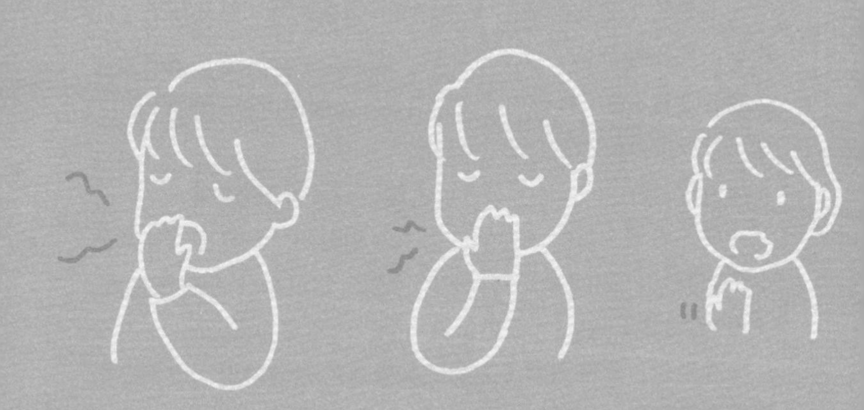

20 為什麼驚悚的遊樂設施和鬼屋始終大受歡迎？

主題樂園裡十之八九都會有的遊樂設施，就非雲霄飛車和鬼屋莫屬了。這兩種設施的共通點就是「恐怖」，但為什麼它們總是那麼受歡迎呢？

◎ 刻意自尋恐懼感的心理

大多數的主題樂園裡都會有刺激的遊樂設施。為什麼有人不惜讓自己恐懼萬分、也要特地搭上那種遊樂設施呢？還有鬼屋之類的設施，也一樣會加深我們內心的恐懼和不安。儘管如此，還是有很多人莫名愛去鬼屋嚇自己。

這種行為背後的原因，就在於人**想要激發興奮的感覺**。

其實，人只要感受到愈強烈的不安和緊張，一旦從那種狀態中解脫時，就愈能感受到巨大的興奮。這就稱作**「逆轉理論」（Reversal theory）**，不安的情緒會翻轉成興奮的感受。

反過來說，**完全不會令人恐慌和緊張的遊樂設施，也不會帶來絲毫的興奮**。

◎ 興奮與恐懼實乃一體兩面

法國漢斯大學（Université de Reims）的研究員法比恩・勒格杭（ Fabien Legrand），替前往某主題樂園乘坐刺激遊樂設施的遊客，測試了搭乘前的不安程度，以及搭乘後的興奮程度。

結果發現，**搭乘前愈恐懼不安的人，搭乘後感到舒坦興奮的**

程度愈高。

總之，愛搭刺激遊樂設施的人，**並不是想要「恐懼的感受」，而是「渴望興奮」**才會搭乘這種設施。要是沒有恐懼的感覺，人們也就無法興奮。

膽小的人或許都很羨慕無所畏懼的人，但無所畏懼的人也不容易興奮起來。

換言之，**無所畏懼的人，也是無法享樂的人**。這種人一點也不值得羨慕。

◎ 刻意追求緊張感是壞事嗎？

我非常不擅長在演講之類的場合當眾說話，可是我並不討厭演講。因為我是個膽小鬼，在上臺前幾天就會開始緊張兮兮，但演講完畢以後，又能體會到無以言喻的舒暢感，所以我一點也不討厭。

不安和緊張會轉換成興奮的感受，所以刻意讓自己置身於極度不安和緊張的狀況下，也不算是什麼壞事。

和異性交談會緊張過度的人，只要能成功和異性說上兩三句話，就會感到特別開心，至少當事人肯定會非常高興吧？

相對地，很習慣和異性打交道、不會因此不安和緊張的人，就無法體會和異性交談的喜悅了。

總而言之，換個角度思考，**容易感到不安和緊張的人，才能體會更多的喜悅和幸福，實在是非常幸運**。

逆轉理論（Reversal theory）

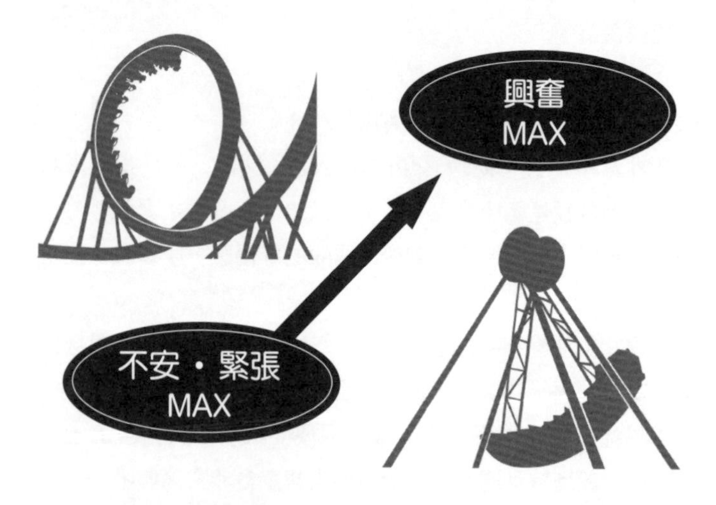

不是「想要感受恐懼」，
而是「渴望興奮」！

21 壅塞的人潮與車陣，不會讓人體會苦盡甘來？

週末和連假時期的主題公園或觀光景點總是人潮洶湧，高速公路也是車水馬龍。在這種時候，各位會不會覺得即使來到一點也不壅塞的地方，還是一樣會感到不爽而煩躁不已呢？

◎ 不快感始終縈繞心頭

日本人氣最高、幾乎無可比擬的主題樂園，絕對非迪士尼渡假區莫屬了。

說到迪士尼樂園，園方最注重的營運細節，想必就是「分散人潮」了。就連美國的迪士尼世界度假區，也是從開幕當時起便一直視人潮為最棘手的問題。

為什麼分散人潮如此重要呢？這是因為人在擁擠時所感受到的不快，在事後依舊會暫時殘留在心頭。這種現象就叫作**「牽連效應」(Carry-over effect)**。

這種「莫名不爽」、「莫名煩躁」的情緒並不會馬上消失。即使我們之後即將開開心心地參加活動，也會因為先前產生的負面情緒，害自己無法好好享受難得的活動。

相信各位讀者應該都有類似的經驗吧？在暑假等長假或大型連休日，原先打算外出旅行，卻每每卡在車潮中動彈不得，導致心情糟糕透頂。

大家是否有過因為塞車而感到厭煩，即使抵達目的地也無法樂在其中的經驗呢？這就是所謂的「牽連效應」。

◎ 擁擠感不完全取決於地點的人數

美國北卡羅來納大學（University of North Carolina）的研究員凱薩琳・安德瑞克（Kathleen Andereck），曾在北卡羅來納州某個國家紀念區裡進行一項調查。

這座國家紀念區裡有一座小島，必須搭半小時的渡輪才能抵達。然而，在某些時段搭乘渡輪的人潮非常多，於是搭著擁擠的渡輪靠岸的觀光客，即使順利抵達目的地的紀念區，也似乎不怎麼開心。

觀光景點本身的人潮並沒有那麼多，但是遊客只要在抵達前搭乘擠滿人的渡輪，**就算到達目的地，擁擠感也會繼續殘留在他們的感官之中**。

◎ 雜亂無章的地點更需要提高警覺

餐飲店也是同樣的道理，只要門口塞滿了顧客，不管店內再怎麼空曠，也會給人一種「這家店有夠擠」的糟糕印象。想當然爾，消費者對該店家的觀感也會變差。

因此，店家必須設法做好空間規劃，或是在等候處設置寬廣舒適的空間，盡可能不要讓店門口的環境顯得亂七八糟。

相信無論是誰，都不喜歡雜亂無章的地方，所以營造良好體驗感受的**關鍵就是儘量為訪客消除人潮擁擠的感覺**。

牽連效應（Carry-over effect）

「擁擠」解除後，「感受」依然存在

22 塞車時，為什麼總覺得隔壁車道前進得比較快？

有開車經驗的人應該都知道，在堵車的高速公路上，老會覺得隔壁車道的車輛前進得比自己快許多。這到底是為什麼呢？

◎ 強制變換車道並沒有意義

道路一塞起車，車子就完全動彈不得了。這真是個令人煩躁不耐的狀況。

如果此時我們正好行駛在二線道、三線道上，肯定不難察覺到一種不可思議的感受，感覺隔壁汽車行駛的車道總是比自己所在的車道要前進得更快。

於是，我們就會心煩意亂地想著：「為什麼我這邊都沒在動啊！」而開始強制變換車道。

結果會怎麼樣呢？那些行駛在剛剛自己所在的車道上的車，是不是開始不斷地順暢向前進了？到底為什麼會發生這種弔詭的現象？

◎ 都只是你的錯覺

其實，這些都只是錯覺而已。

每一條車道都一樣壅塞，並不會發生只有單一車道前進速度較慢的狀況。即使各個車道的前進速度不一，也僅僅只是些微的差距而已。

加拿大多倫多大學（University of Toronto）的研究員**唐諾·雷代邁耶**（Donald Redelmeier）做了一項實驗，他利用汽車駕訓班都有的電腦模擬程式，安排駕駛受試人在各種塞車情況下行車，並詢問他們的感受與作法。

結果發現，**當50輛車行駛在約一公里長的道路上時，即使每條車道的流量相同，駕駛人也會覺得隔壁的車道前進速度較快**。

稍微調慢了平均速度以後，則有70%的人覺得「隔壁前進得比較快」，並且有65%的人選擇「變換車道」。

◎ 關心前方，結果疏忽後方

既然如此，為什麼我們會覺得只有隔壁車道的車子有確實往前進呢？

原因就是駕駛汽車的人**一心專注前方，很少注意到後方的狀況**。我們追過的車輛會迅速消失在我們的視線範圍內，所以無從感覺自己正在往前進。

同時，我們還會仔細盯著隔壁車道上常常出現在我們視野內的車輛。當那輛車稍微前進一點點時，我們就會湧現強烈的確定感，心想：「看吧，果然隔壁的車道前進得比較快。」

事實上，隔壁車輛可能頂多只前進了20公尺左右，但我們依舊會產生車子已經往前跑了很遠的感覺。

◎ 貿然行動只可能浪費更多時間

是錯覺讓我們誤以為只有隔壁的車道不斷前進，所以從根本上來說，根本不需要強制更換車道，也不應該隨意更換車道。

當道路塞車時，每條車道都一樣壅塞。若是勉強變換車道，反而有可能引發車禍，導致浪費更多時間，千萬要多加注意。

這裡也提供各位碰上塞車時的應對技巧，建議大家不妨聽聽喜愛的音樂，試著轉換心情、多多休息，避免造成交通意外。

塞車時，「錯覺」讓我們誤會
隔壁的車道前進得比較快

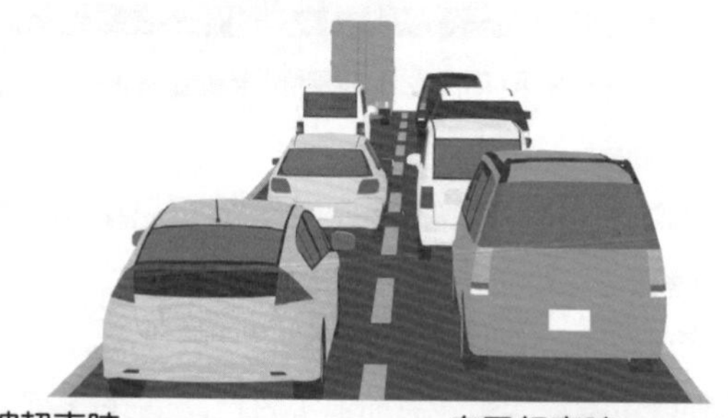

被超車時	自己超車時
→ 隔壁車輛 留在視野裡的時間較長	→ 隔壁車輛 馬上消失在視野裡
→ 強烈感覺 自己的車不斷往後退	→ 不太容易感覺 自己的車有往前進

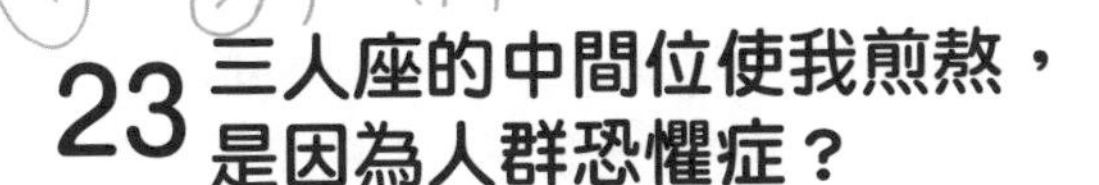

23 三人座的中間位使我煎熬，是因為人群恐懼症？

搭乘交通工具時，要是坐在兩邊都有人的中間座位，總會覺得心神不寧。據說這個座位所承受的壓力，是左右兩端座位的兩倍之多。這樣的話該怎麼辦才好？

◎ 必定承受壓力的座位

搭乘高速鐵路或飛機時，建議各位最好不要坐在三人座的正中間。因為**座位兩旁要是有旁人，我們往往容易莫名承受非常大的壓力**。

絕大多數的人大概都有過這種經驗，所以很少有人會特意去坐正中間的位置。

不管是飛機、電車、巴士，還是其他交通工具，只要我們坐在並排座位的正中間，時常在不知不覺間感到壓力膨脹，有時甚至緊張到喘不過氣。為什麼會這樣呢？

◎ 每個人都需要「空間」

一旦有外人靠近，我們就會感受到壓力。這是因為我們身邊都有一片肉眼看不見的**「個人空間」（Personal space）**，只要有人入侵這個空間的範圍，我們就會產生壓力。

如果是坐在靠邊的座位，頂多只有一側的個人空間會遭到入侵；但要是坐在正中間的位置，會變成兩側都遭到入侵，承受的壓力也會變成兩倍。

比起勉強自己坐在正中間，不如站在沒有其他人的地方，壓力還比較小。雖然站著搭乘交通工具會讓身體疲勞，但只要身邊沒有人，心理壓力也會少一些。

◎ 與其當夾心，不如獨善其身

美國康乃爾大學（Cornell University）的研究員蓋瑞·伊文斯（Gary Evans）曾經在通勤高峰時段，向都市地區的大眾運輸乘客採集了唾液檢體，透過唾液中所含的皮質醇，檢測當事人的壓力程度。

結果發現，坐在三人座的乘客所承受的壓力，比坐在二人座的要高；而且坐在三人座正中間的乘客，承受的壓力最大。

不僅如此，坐在正中間的乘客，不耐煩和厭世感也高出別人許多。

有些人搭乘電車時，一上車就會立刻找座位，**但與其坐在中間當夾心，不如索性站在旁邊，心理上或許比較不容易疲勞**。當然，我也不會阻止那些實在很想坐下的人就是了。

我們一旦察覺自己的個人空間遭到外人入侵，就會不由自主地產生壓力。像是電梯之類的密閉空間裡，個人空間無論如何都會遭到侵犯，使當事人心生壓力。我常覺得電梯小姐這樣的工作實在非常辛苦，她們應該都覺得很累吧。

◎ 容易讓人打起瞌睡的通勤時段

附帶一提，當個人空間遭到入侵時，如果不想讓自己太在意身邊的人，**不妨閉目養神**。

只要閉上眼睛，我們便看不見其他人的身影，壓力也就不會那麼大了。眼睛一睜開，壓力就會隨之而來，所以閉上眼睡覺是最好的方法。

通勤高峰時段之所以有那麼多人在車上打瞌睡，也許就是人類為了減輕壓力，自然培養出來的智慧也說不定喔。

找出適合自己的方法
確保「個人空間」吧

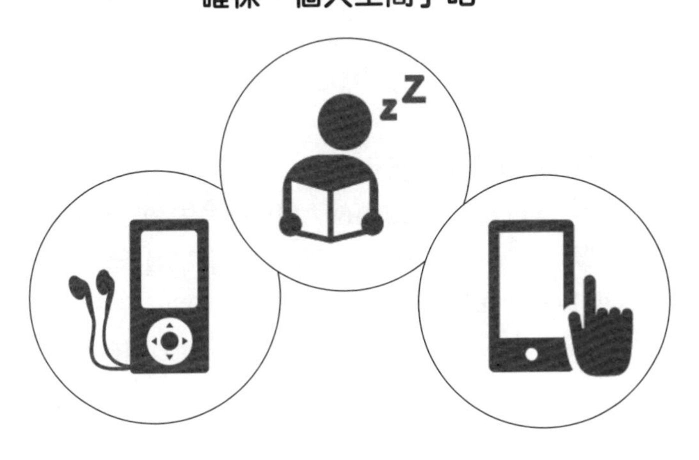

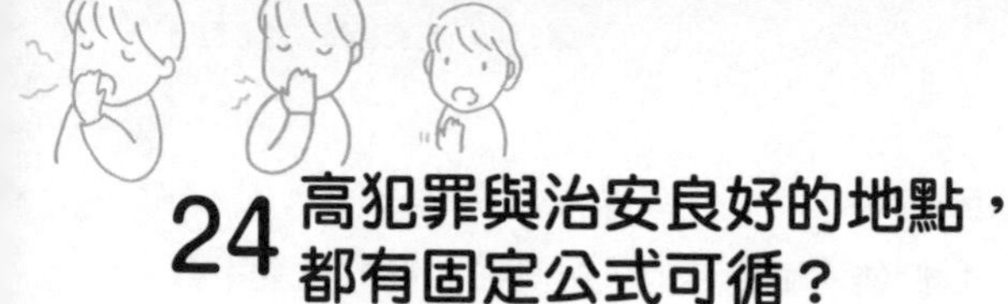

24 高犯罪與治安良好的地點，都有固定公式可循？

經常發生犯罪事件的地點，幾乎都是固定的。大家只要聯想一下就不難明白，這些地點的環境絕大多數都很雜亂無章。

◎ 安全環境的特徵

女性在大都會裡單身租屋時，難免會擔心自己被卷入犯罪事件吧？有沒有那種治安比較好，不用擔心被卷入犯罪事件，也不容易發生犯罪事件的地方呢？當然有了。

雖然都市裡發生犯罪事件的次數很多，但並不是所有地區的犯罪率都一樣高。既然有「容易發生」的地方，必定也會有「不容易發生」的地方。

那麼，什麼樣的地域才算安全呢？就是「綠樹很多的地方」。**只要路上栽種了行道樹，或是設有綠地公園的地區，都比較不容易發生犯罪事件**。

單身女性如果要租屋，在這些地方找房子應該會比較保險。

◎ 犯罪率會因綠樹多寡而異

美國有一項研究是以芝加哥的大規模國民住宅開發計畫為主題。伊利諾大學（University of Illinois）的研究員法蘭西絲・郭（Frances Kuo），在政府的補助下完成這項研究。

這項開發計畫的內容，是在住宅用地的一側栽種樹林，而另一側則是建立多棟鋼筋水泥大樓。

她調查這兩個區域的犯罪發生率以後，發現綠樹植栽多的區域發生的竊盜案，只有水泥大樓區域的48%，暴力事件則只有52%。可見即便是地理條件相差無幾的國民住宅區，也會出現這種差異。

◎ 同一地點，不斷發生犯罪案件

會發生犯罪事件的地方，案件總是接二連三不斷發生。但是不會發生犯罪事件的地方，就幾乎不會發生。

大城市裡也有經常發生這類案件的特定地點，像是色狼頻繁出沒的區域、暴力事件頻傳的區域，平時最好儘量避免接近這些地方。

而分辨治安好壞的實用線索之一，就是「植物的多寡」。

絕大多數犯罪機率高的區域，普遍都是**容易令人產生壓力的地方**。比如環境雜亂無章、異味四處瀰漫的地點，容易使人感到煩躁不耐。水泥建築多到煞風景的區域，也同樣令人心生焦慮。大概就是這些心理機制，才會導致犯罪率愈來愈高吧。

另一方面，**綠意盎然的環境能夠紓解壓力**。當地居民可以欣賞樹木隨著四季變化的風景，比較不容易感到壓力。因此，這類地方也就不容易發生犯罪事件了。

只要住在整條街上都栽滿樹木綠蔭的地點，或是有美麗櫻花樹夾道的區域，不但可以降低遇上犯罪事件的機率，心理上應該也能充分放鬆、過著幸福快樂的生活吧。

不容易發生犯罪事件的地點

○ 路上栽種行道樹
○ 有綠意盎然的公園
○ 附近有成排的櫻花樹

容易發生犯罪事件的地點

× 綠樹偏少
× 充斥水泥建築，煞風景
× 瀰漫著異味

25 外國的月亮是不是真的比較圓？

很多人都會說出「您先生真是優秀啊（哪像我家那口子）」、「好想到都市裡闖闖（在這種鄉下地方不會有出息）」諸如此類的發言。為什麼自己得不到的東西，看起來都特別好呢？

◎ 眼中只看得見好的一面

住在都市裡的人，都會嚮往鄉村生活。

因為鄉下的日子可以過得很悠閒，土地價格也比較低廉，可以住豪宅、坐擁寬敞的庭院，大抵都是這些理由。應該有不少人也希望老年可以搬到鄉村享清福吧。

而在鄉村生活的人，則是以一個鄉下人的立場憧憬大都市的生活。因為都市的環境比較繁華，也有數不盡的休閒娛樂去處，感覺好玩多了。

但是追根究柢，這是因為我們都只看見對方好的一面。**由於我們完全沒有考慮過壞的那一面，才會產生這種「外國的月亮比較圓」的想法**。

◎ 幸福感並沒有多大的差別

美國德克薩斯大學（University of Texas）的研究員**大衛．施卡德**（David Schkade），曾向居住在美國中西部鄉村的居民調查：「你覺得加州居民的生活都很幸福嗎？」

結果所有人都一致回答：「肯定很幸福。」他又進一步詢問理由，得到的答案是氣候十分溫暖、生活應該很舒適等等。

然而，他轉而詢問住在加州的居民：「你覺得能住在這裡是件幸福的事嗎？」得到的卻是完全否定的答案。加州居民所體會到的幸福感，和中西部居民對自家土地的感受，程度幾乎沒有什麼差別。

加州的居民理所當然不會只有體驗到好處，他們也親身經歷過當地的各種壞處。也許加州的氣候真的十分溫暖舒適，但那裡同時也是全美犯罪率最高的地方，而且路上老是塞車，空氣品質也不好。

我們都是像這樣，**旁觀別人時，眼中只會一味注意到對方的優點，幾乎不曾考慮過缺點，所以才會感到羨慕不已**。

◎ 有好當然就有壞

都市居民以為住在鄉下好像很悠閒又愜意；但是鄉村居民很明白當地要買菜購物、就診看醫生有多麼不方便，也知道火車和巴士一天只有寥寥幾個班次。除此之外，鄰居之間的往來也過度密切，有時候反而令人覺得麻煩透頂。因此鄉村居民才會覺得住在鄉下實在很不方便。

相反地，鄉村居民也不明白都市生活的苦。他們不知道都市的交通流量很大、排出的廢氣會污染空氣，也不曉得左鄰右舍之間根本不會往來、彼此十分冷漠。

◎ 羨慕時就試著反向思考

當你開始羨慕別人擁有的某些事物時，一定要提醒自己別只注意好的一面，也要仔細思考壞的一面，否則便無法擁有平衡的觀點。不如說，**我們必須多著重於壞的那一面**。

日本人常常會批評日本的不是、大力讚揚國外的優點，這就是眼中只看見外國的好，根本沒有思考過對方的缺點。

整體而言，我個人是認為沒有比日本更好的國家了，但絲毫不這麼想的日本人卻占了大多數，這也可以說是「外國的月亮比較圓」的典型觀念吧。

任何事物都有「正面」和「反面」

目光不要只集中在「好的一面」

26 努力打扮時髦搶眼，但其實根本沒人注意你？

有些人會因為要上街，而卯足全力將自己打扮得時髦有型，但事實上根本沒有人在意你的裝扮。這就叫作「聚光燈效應」（Spotlight effect）。

◎ 只有自己會以為「有人在看我」

在人來人往的街頭，每個人都會裝模作樣地走在路上。

他們大概是以為自己會受到行人的關注，所以才想讓自己表現得帥氣（或可愛）一點吧。

但遺憾的是，街上的行人根本不會在意其他人；也就是說，**會以為「自己受到關注」的，只有你自己而已**。路上根本沒有人在看你。

「就穿春天的新款襯衫出門吧。」
「戴頂漂亮的帽子應該也不錯。」

會抱持這些想法盛裝打扮出門的人，多半都是想太多、自我意識過剩。說實話，畢竟你又不是明星藝人，會注意你的人其實並沒有那麼多。

不過，其實就連出現在電視上的藝人，即使出門時沒有刻意變裝隱藏身分，也常常沒有人被認出來。

◎ 聚光燈效應

「大家都在關注我！」這種可悲的自以為是，在心理學上稱作**「聚光燈效應」（Spotlight effect）**。這是一種以為聚光燈只在自己的頭頂上照耀的心態。

美國康乃爾大學（Cornell University）的研究員**湯瑪斯．吉洛維奇**（Thomas Gilovich）做了一項實驗，他準備了一件很令人難為情的T恤（上面印著一張毫無知名度的樂手大頭照），請人穿著它出去散步一下。

必須穿著這件丟臉T恤的各位參加者，都覺得與自己擦肩而過的人在注意自己。

散步結束後，吉洛維奇詢問參加者：「你覺得有多少路人在看你穿的T恤？」

結果，男性參加者的自我意識比較明顯，認為有**95%**的人在看自己；女性則是推測有**35%**的人在看自己。

那麼，實際上到底有多少路人會注意穿著丟臉T恤的人呢？

實驗助理在散步途中偷偷尾隨在參加者的後方，每次遇上經過的路人，就會向對方確認：「請問你剛剛有注意到前面那個人穿的T恤嗎？」

結果，竟然只有**24%**的人確實注意到。

從實驗結果可見，我們在面對與自身相關的事情時，多少都會有點自我意識過剩，容易產生受到眾人關注的錯覺，甚至錯以為自己的一言一行時時刻刻被周遭審視著。

不過，這終究只是錯覺而已。

實際上真的沒有那麼多人會關注你，所以**別那麼裝模作樣、自以為是，輕鬆做自己會比較好**也說不定喔。

倘若你本來就很熱衷於把自己打扮得時髦漂亮，或是以此為興趣的話，那就儘情享受吧。

聚光燈效應

只有你自己才會認為
「大家都在關注我」

實際上，
根本沒什麼人會在意到你

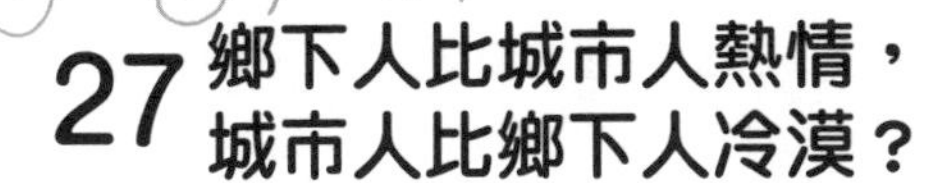

27 鄉下人比城市人熱情，城市人比鄉下人冷漠？

從市郊來到市中心的人，或許都會覺得「城市人好冷漠」。為什麼都市居民會有這種「遇到任何事都面不改色」的現象呢？

◎ 人太多所造成的錯覺

大家普遍都認為，都市裡的居民比鄉下人還要更冷漠不親切。

在鄉村地方，只要有人發生困難，經過的路人肯定都會停下腳步關心詢問：「發生什麼事了？」並熱心伸出援手。

但是在都市裡，即使遇到困難，路人都會佯裝毫無覺察的樣子，匆匆離開現場。

為什麼都市居民這麼沒有人情味呢？難道都市人都是一群冷血分子嗎？

不不不，才沒那回事。都市人的冷淡態度，其實都是有理可循的。簡單來說，原因就出在「人口太多了」。

◎ 就算我不出頭，也一定會有別人做

不管路上有人發生多大的困難，只要周圍有大量的群眾，我們就會不自覺地產生**「就算我不幫忙，也會有人去幫吧」**的想法。但如果是四下無人的情況，即便是都市人也會拔刀相助。

假使在現場只有你一個人的情況下，你卻沒有伸出援手，那無疑就是你的責任了。

但若是正好在場的人愈多，我們會愈容易覺得：「應該不需要我出面幫忙吧……。」

這種心態轉變就叫作**「責任分散現象」（Diffusion of responsibility）**。我們不覺得幫助素昧平生的人解決難題是自己必須負起的責任，所以不會特意伸出援手，並不是都市人本身就是這麼冷漠。

◎ 旁觀者愈多，伸出援手者愈少

美國俄亥俄州立大學（The Ohio State University）的研究員**比博・拉塔內**（Bibb Latané）做了一項測試，他故意在醫院、圖書館等公共場所的電梯裡打翻錢包裡的硬幣，觀察同一電梯的乘客會有多少願意幫忙撿拾。

當電梯裡沒有其他乘客時，大多數的人都理所當然地樂意幫忙。可是當共乘人數愈多，願意幫忙的人就愈少了，現場所有人都佯裝無事，直到當事人撿起最後一個硬幣。這個現象就是「責任分散」心理的具體呈現。

「都市裡的人這麼多，可是當我遇到困難時，卻沒有人願意停下腳步伸出援手……」各位讀者當中，或許就有人曾因此感到孤單淒涼吧？

但是，這種想法是不對的。**正是因為「有這麼多人」，才會沒有人願意幫忙**。

鄉下人之所以會上前幫助遇到困難的人，可能就是因為周圍剛好沒有其他人吧。**他們處在「我不幫忙不行」的狀況，所以只**

好挺身而出了。

倘若四周還有其他很多人，即便是鄉下人，應該也會和都市人一樣視而不見。

◎ 避免責任分散的方法

附帶一提，如果你希望在眾目睽睽之下找到願意幫忙的人，不妨**尋找特定的目標，主動向對方求援**，才能避免發生「責任分散」的現象。

例如走在路上突然感到身體不適時，便可以直接鎖定對象，向他求援：「那邊穿藍色外套的人。是的，就是你。我的胸口很不舒服，可不可以請你幫忙叫救護車？」這麼一來，那個人肯定會幫忙。因為他可以明確知道有人拜託自己，就不會發生責任分散現象了。

責任分散現象

如果大喊「誰來幫我！」
一般人會心安理得認為「應該會有人幫忙吧」

唯有大喊「請你幫我！」
才容易鎖定責任不發散

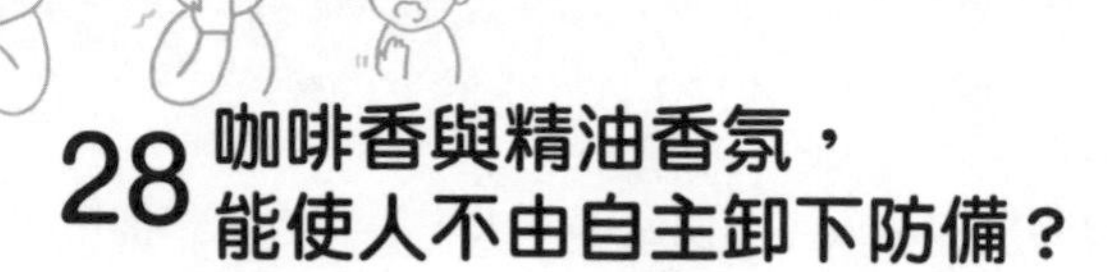

28 咖啡香與精油香氛，能使人不由自主卸下防備？

各位是否覺得在香氣四溢的咖啡廳裡，心情會變得愉快呢？其實「氣味」對我們的情緒能夠發揮很大的影響。

◎ 面對陌生人也能和藹可親的場所

我們在充滿香氣的地方，往往會感到心情舒暢，對人的態度也會不由自主親切起來。

我在前一篇已經談過「都市人很冷漠」的話題，但就連這種都市人，也會在特定的場所親切對待素未謀面的人。

那就是瀰漫香氣的場所。

當我們經過咖啡廳門外，聞到店內飄散出咖啡豆經烘培後的怡人香氣，待人態度肯定會變得親切許多。

另外，像是在花店門前、能夠聞到鮮花芬芳香氣的公園，也會使人變得和藹可親。

人只要置身在會令自己感到「哇，好香～」的場所，態度都會變得更親切。

◎「好香氣」勝於無氣味

美國壬色列理工學院（Rensselaer Polytechnic Institute）的研究員羅伯特・巴隆（Robert Baron）做過一項實驗，就是拿著紙鈔在街上四處找人兌換成硬幣。

巴隆選擇在散發出餅乾或咖啡美妙香氣的店門前，以及在沒有任何氣味的舶來品店前。由助理向同性別的路人搭話並詢問：「我可以跟你換硬幣嗎？」

結果爽快答應的人數比例如下。

	▼散發出餅乾或咖啡香的店前	▼沒有氣味的舶來品店前
男性	50.3%	23.6%
女性	59.9%	15.0%

從上表數字可以明顯看出，不管是男性還是女性，都會在散發香氣的地方表現出親切的舉止。

據說有某家公司曾經讓大門口附近的空調散發出薰衣草香，使得在該公司上班的員工和外來的訪客，都能用笑容互相對待彼此，親切度也增加了不少。

我認為這是個非常棒的巧思。因為**只要散播好聞的香氣，每個人都會敞開心房、露出和藹可親的態度**。

至少與沒有氣味或是令人嫌惡的異味相比，香氣還是會讓人變得親切許多吧。

29 為什麼「呵欠」的傳染力會是笑容的兩倍？

這次要談的主題是「呵欠」。或許有人一看到這裡，就馬上跟著打起呵欠了吧？可見呵欠的傳染力比我們想像得還要更強烈。

◎ 如同流行感冒的超強傳染力

假設你在搭電車，坐在你正對面的人打了一個大呵欠。這時候你可以看到一個很有趣的現象，那就是所有瞄到這一幕的人也都陸續跟著打起了呵欠。

即便將場所轉換到學校教室也是如此，只要有一名學生打了呵欠，其他根本沒有特別睏倦、煩悶的學生，也會開始打起呵欠來。不論是劇場、電影院，還是街上任何一個角落，都可以觀察到這種「呵欠傳染」的現象。

一本正經的自然科學家，或許對「呵欠」這種無聊的現象毫無興趣，但心理學家可就不一樣了。他們可是很認真地研究、調查「呵欠傳染」的現象。

◎ 呵欠的傳染力是笑容的兩倍

對呵欠的傳染力頗有鑽研的心理學家，正是美國馬里蘭大學（University of Maryland）的研究員**羅伯特・普羅文**（Robert Provine）。

普羅文錄製一名成年男性連續打30次呵欠的影片（每10秒打

一次長達6秒鐘的呵欠），並且安排觀眾看這支影片5分鐘，並調查他們在這段時間內是否打了呵欠。

結果發現，有55%的觀看者也跟著打起呵欠。看來呵欠的傳染力，實在是非同小可。

順帶一提，當我們看見有人笑時，也會不由自主地跟著笑出聲來。這種現象稱作「笑容的傳染力」。

普羅文也比照呵欠的實驗手法調查這個現象，結果發現受到笑容影響的人數比例只有21%。從受到呵欠影響的55%這個數值來看，我們可以得證**呵欠的傳染力是笑容的兩倍**。

不僅如此，普羅文還指出，除了給受試者看別人打呵欠的影片以外，光是與他們提起打呵欠的話題，也會導致他們呵欠連連。真令人納悶呵欠的傳染力到底有多強。

◎ 打斷呵欠連鎖的好辦法

不過，為了保持基本的禮貌，我們實在不應該在別人面前打呵欠。這算是一種基本的禮節吧。

可是萬一你不小心看見別人打呵欠，恐怕會害得自己也忍不住很想打呵欠。在法事或婚禮這類不容許打呵欠的正式場合下，請各位要小心避免發現別人打呵欠，以免牽連自己。

舉例來說，當各位在上課途中或是聆聽老闆無聊的訓話時，突然很想打呵欠的話，**千萬不要用嘴巴呼吸，只要改用鼻子呼吸即可**。

用鼻子呼吸，能夠使頭腦冷靜下來，也可以稍微舒緩睏意，讓自己不至於打起呵欠。也有研究資料顯示常用鼻子呼吸的人不會打呵欠，請大家務必試試看。

第4章
「金錢與消費」的心理學

30 股市會在晴天升溫上漲，轉為陰天就降溫？

我們的心理會受到各式各樣的外部因素影響，「天氣」就是其中之一。而心理又會大大影響到「股價」。換言之，股價其實與天氣息息相關。

◎ 好天氣帶來好心情，壞天氣伴隨壞心情

我們的心理狀態，會受到當天的天氣所影響。

相信應該每個人都會有這樣的經驗吧？天氣晴朗時，心情自然就開開心心；天氣不好時，心情也愉快不起來。

我雖然是心理學者，並不是股票專家還是其他什麼行家，但我可以單憑「某個線索」來買賣股票。而且，我私底下認為這個方法應該可以讓人口袋進帳不少。

這個線索就是——天氣。大家也許會覺得很荒謬，但的確有心理學家做過這方面的研究。

◎ 股價起伏會依天候而定？

心理學家真的對各式各樣看似不起眼的事物都興致勃勃，凡事都願意一頭栽進鑽研的研究員非常多，美國俄亥俄州立大學（The Ohio State University）的**大衛．赫什萊弗爾**（David Hirshleifer）也是其中之一。

股價和景氣會明顯反映出人的心理，因此，赫什萊弗爾便假設**「晴天會使人心情愉悅，所以股價應該會上漲」**。

於是，他調查了26個國家從1982年到1997年的股價資料，以及各個國家的日間天氣。

結果證明，果然在**晴天時，股價會上漲**。

股票交易的原理非常簡單，只要趁便宜時大量買進、趁高價時大量賣出，就能保證賺錢。所以心理學上會建議大家，想要賣出股票，就要挑選在晴天時交易。

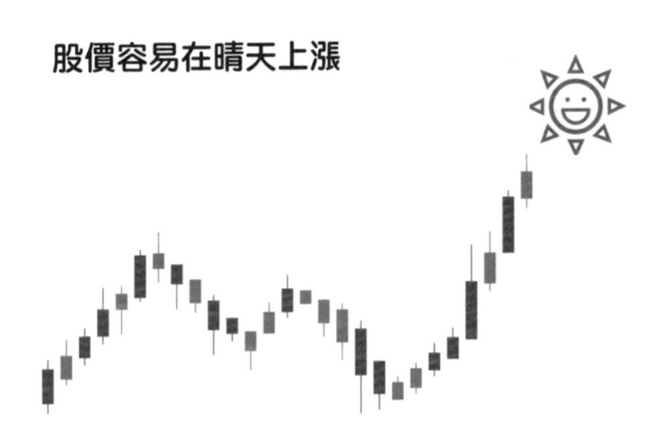

· 股價的動向會受「人心」左右
· 賣股票要選在晴天才好？

◎「晴天」以外沒有定律

那麼，其他天氣的狀況又是如何呢？其他天氣也和晴天一樣會對股價造成影響嗎？

很遺憾，這方面並沒有明確的跡象可循。根據赫什萊弗爾的研究，**股價不會因為雨天或是下雪而相對下跌**。

就目前的研究階段，只能從天氣來預測股價會上漲，但還沒有方法可以預測股價下跌。

雖然我本身不太有興致玩股票，但若是各位讀者當中有人打算投資買股的話，記住天氣會影響股價這項法則，或許能夠帶來不少助益呢。

31 隔壁鄰居是速食店，就會讓我們存不了錢？

每次一看見想要的東西就立刻掏錢購買，當然存不了多少錢。大家普遍都知道要「忍耐」購物的欲望，但忍耐的難易度卻會因地區而大不相同。

◎ 總在不知不覺間花光錢的人

如果讀者當中有人問我：「能夠儲蓄的人，與無法儲蓄的人之間有什麼不同？」我想大概就是「每天的用錢方式」吧。

每個月都在不知不覺間成為月光族的人，大多數的消費習慣大約是會衝動採購自己當下想要的東西，一不小心就把當月薪水全花出去了。

這種「亂花錢」的特質，其實會受到居住地區很大的影響。

◎ 忍耐的強度與花錢方式

加拿大多倫多大學（University of Toronto）的研究員桑福德・迪沃（Sanford DeVoe），從世界各地選出30個國家，調查該國人口所對應的麥當勞連鎖店鋪數量，以及與家計支出是否呈現關聯性。

結果發現，**開設愈多麥當勞的地區，當地居民愈容易亂花錢**。

在速食店裡，人人都可以簡單快速地滿足食欲。所以，習慣吃速食的人，也會慢慢習慣在最短的時間內滿足自己的欲望。換句話說，就是**「再也做不了需要耐性的事」**。

這類人在潛移默化中，已經養成一看見想要的東西就立刻買下的行動模式，因此才會愈來愈隨意地拋擲口袋裡的錢財。

迪沃同時也調查麥當勞以外的速食店，得出的分析結果也是一樣。**有許多速食店聚集的地區，當地居民會比速食店較少的地區更不容易儲蓄**。前者一旦發現想要的東西，就會迫不及待地買下來。

◎「不方便」可以強迫我們忍耐

如果你家周邊有便利商店、百貨公司、速食店等等商店，購物機能十分完善，那麼你花錢的方式肯定會變得很隨便。因為這樣的環境讓你根本不需要忍耐。

只要住家附近沒有購物或飲食的店鋪，雖然偶有不便，但錢也無處可花。

畢竟，**在必須特地出遠門才能購物的環境下，會令人覺得麻煩而提不起勁，最後自然決定忍耐**。想不到卻因禍得福，培養出更強大的耐性，也能成功累積財富。

◎ 真正的有錢人都住在鄉下？

話說起來，聽說家財萬貫的有錢人並不會住在都市的高級住宅區，而是郊外或鄉村。

畢竟在都市地區，到處都充斥著難以抗拒的誘惑。倘若這些誘惑近在身邊，就會令人忍不住想花錢購物。如此一來，錢就不可能存下來了。

相對地，要是住在鄉村裡，不容易看見想要的東西，就不會浪費多餘的錢，更能專注在儲蓄和理財上。有錢人正是深知這一點，才會喜歡住在鄉下地方。

不過近年來，社會環境已經發展成即使住在偏鄉也能輕鬆上網購物的程度了。連我都能預知，**當人可以透過網路購物大買特買以後，就會漸漸不再懂得「忍耐」，儲蓄也會變得愈來愈困難了吧**。

方便使人留不住錢

別被眾多誘惑牽著鼻子走

32 運用心理學技巧，迴避購物衝動不當剁手族

每個人應該都有錢花出去後，才疑惑自己為什麼買這種東西、為什麼想要那件物品的經驗吧。不過今後各位大可放心，這裡要告訴你防止衝動購物的方法。

◎ 買到想要的東西，收到後卻後悔

看到想要的東西，無論如何都想擁有它，於是立刻掏出信用卡或打開錢包買下，這種行為就稱作「衝動購物」。

得到想要的東西，原本應該是件開心的事，但老是會有人因為衝動購物而後悔莫及。而且就連後悔的出發點也很類似，多半是懊惱「我怎麼會買這麼沒用的東西」。

衝動這種念頭，到底有沒有辦法控制呢？

人類難道就只能當個被衝動和欲望百般玩弄的操線人偶嗎？

不不不，可沒有這回事。只要掌握一點小訣竅，就能簡單控制自己的衝動。

「誰叫我天生就缺乏自制力。」

「誰叫我很沒有耐性。」

即使是成天自怨自嘆的人，也能簡單做到消滅衝動購物的習性。這個祕密招數究竟是什麼？下面就來告訴你。

◎ 衝動的敵人是「距離」

這個招數就是，務必與會誘惑你的對象**保持時間和空間上的**

距離，就算只是一點點距離也無妨。

這是由美國天普大學（Temple University）的研究員喬治·安斯立（George Ainslie）提出的衝動控制法。**只要眼前出現有誘惑力的對象，人內心的衝動就會快速升高；但只要將對象移到視線以外的地方，或是自己主動遠離現場，就能滅去內心的衝動之火**。

比方說，你的眼前有一塊看起來很美味的巧克力蛋糕，讓你想吃得不得了。但是，只要把它藏進櫥櫃或是冰箱裡，你就能克制想吃它的欲望。

當你在逛百貨公司時，要是發現一件你非常想要的衣服或飾品，最好趕快離開那個櫥窗，可以的話請直接走出店面、到外頭散散步吧。

即便只是暫時也好，只要立即遠離欲望的對象物，忍耐就不是那麼困難的事了。

◎ 衝動並不持久

不論有多想要某樣東西，也千萬不要當場買下。建議各位先告訴自己「等到明天來買」，暫且離開現場。也許等到隔天，你就再也不想要那樣東西了。

人的衝動是一種非常強烈的欲念，但它其實並沒有那麼持久。當你一離開現場，即使不必刻意忍耐，也一樣能夠控制自己的衝動。

避免衝動購物的技巧

保持時間、空間上的距離

「等待」

不要當場購買

（先隔一陣子再重新考慮）

「隱藏」

「保持距離」

別讓自己輕易看見

→ 衝動沒有你以為得那麼持久，
透過妥善的方法處理它吧！

33 從一個人的「自言自語」，就能看出他會發大財？

人的思維會表現在用字遣詞上。也就是說，只要研究某個人的發言和說話習慣，就能了解他的思維；了解一個人的思維，就能判斷他是否會成為有錢人。

◎ 言語會透露人的思維傾向

能夠成為有錢人的人，與無法成為有錢人的人，差別就在於思考的方式不同。會成為有錢人的人，無時無刻都能以具備有錢人潛力的獨特方式思考。

而且，**一個人的思維，會如實反映在他的發言內容和說話習慣上**。所以只要研究某個人會說哪些話，就能預測他是否會成為有錢人。

◎ 有錢人說的話都很樂觀正向

加拿大卡普頓大學（Cape Breton University）的研究員**斯圖亞特・麥肯（Stuart McCann）**認為，「只要透過推特（Twitter）調查某個人說過哪些『自言自語』，某種程度來說，應該可以判斷他是否會成為有錢人」。

於是，麥肯立刻著手分析超過140,000名推特用戶的發言，將研究對象自言自語的內容分類成樂觀與悲觀兩大項目，並調查他的社會地位和經濟水準。社會地位和經濟水準，也是研究對象是否屬於有錢人的一項指標。

那麼，結果又是怎麼樣呢？

原來，**社會地位和經濟水準高的人，也就是愈富有的人，發言的內容也很樂觀正向**。

有錢人的思考都很樂觀正向
從平時的發言和用字遣詞上就會透露出來

例如

「今天真是美好的一天！」

「我多麼幸福啊！」

「這個世界真是多彩多姿！」

他們在推特上發表的自言自語，幾乎都是像上面這樣的句子。

相較之下，**社會、經濟方面的地位都較低的人，常常會抱怨、挑三揀四、表達自己的不滿，淨是說些悲觀負面的話**。

他們整天都在「發牢騷」。或許是因為，他們滿腦子都只剩下負面思考了吧。

◎ 有錢人的正向思考法

有錢人也是會有身體不適、提不起幹勁的時候。這個世界並不是只有好人，所以肯定還是會發生令人心煩意亂的事。

儘管如此，在這些低潮時刻**依然能夠保持樂觀的思考模式，**

發掘事物正向的一面，並且樂在其中、歡心喜悅的人，才能成為有錢人。

比方說，即使遇上討人厭的傢伙，有錢人也會想著「這個人能當作我的反面教材，真令人欣慰」。

反過來感謝對方，這就是有錢人的思考法。

如果你想成為有錢人，最好別把牢騷掛在嘴邊，而是保持樂觀的思維並實際說出口。

34 商品品項愈少，顧客的購物體驗愈滿足？

你是否曾經在逛便利商店時，不知不覺就在購物籃裡放進多餘的東西呢？這是因為便利商店的貨架設計方便顧客選購，而其中的祕密就是「品項偏少」。

◎ 商品琳瑯滿目，反而使銷售額下跌？

無論超市還是百貨公司的大老闆，都會儘量多陳列一些商品在貨架上。他們大概是覺得品項愈多，顧客就愈開心，營業額也會隨之上漲。

不過，請各位站在顧客的立場思考一下。

假設你想買一輛嬰兒車、一件衣服，或是什麼都好，要是看見店裡琳瑯滿目擺滿數十種同類商品，你是不是會煩惱「該買哪一個才好」呢？

商品款式要是過於豐富，雖然也能討顧客歡心，但他們會更明顯地被**不知道該從何選起**的難題所困擾，結果很有可能**決定「不買了」**。

就連我自己也是，前陣子我到家電量販店想選購一臺新電腦，卻因為不曉得該選哪一款才好，開始覺得麻煩起來，最後便悻悻然空手回家了。

由此可見，消費者在面對五花八門的同類商品時，多半會選擇「不買了」。

◎ 雖然品項豐富的確很吸睛……

美國哥倫比亞大學（Columbia University）的研究員**希娜・艾恩嘉**（Sheena Iyengar），在某間超市做了一項實驗。

她請老闆設置一個果醬試吃攤位，並且在某個時段的攤位上擺了6種果醬，另一個時段則擺放24種果醬。

在擺出6種果醬的時候，大約有40%的客人停下腳步，實際購買的客人則有30%。

但是擺出24種果醬時，情況就完全不一樣了。在攤位前停下腳步的客人竟然有60%，比擺出6種果醬時還要更多。可見顧客都很驚豔「哇，居然有這麼多種口味！」才會產生興趣。

然而，最後實際購買果醬的客人，卻僅僅只有3%。與6種果醬相比，只有十分之一的人願意購買。

品項豐富一點，客人才會開心──這種觀念實在錯得離譜。反而**品項少一點，讓顧客方便做決定並慶幸買到了東西，才是最實在的行銷手法**。

品項太多，反而讓人產生選擇障礙

◎ 便利商店為什麼比超市更好買？

大家是不是覺得踏進便利商店時，從漫不經心走到目標貨架、找出自己想要的東西，再到櫃檯結帳，只要兩三下就能快速買好東西呢？這是因為便利商店的品項偏少的緣故。

便利商店架上的同類商品，頂多只有兩到三種不同的款式。這可能也是因為店鋪面積不怎麼寬敞的關係，像是蠟燭、手電筒之類的生活用品，也只陳列了一、兩個品牌。

但是，從顧客的心理來看，這樣的選項就已經很足夠了。畢竟我們又沒有想要比較各種蠟燭的價差或品質。

不管是便當還是熟食，便利商店的品項總是比超市要少上許多；可是正因如此，我們才能「輕鬆選購」。

商品款式太豐富，反而會令顧客感到厭煩卻步、最後索性決定「不買了」，所以別在貨架上擺設太多商品，或許才是最正確的作法喔。

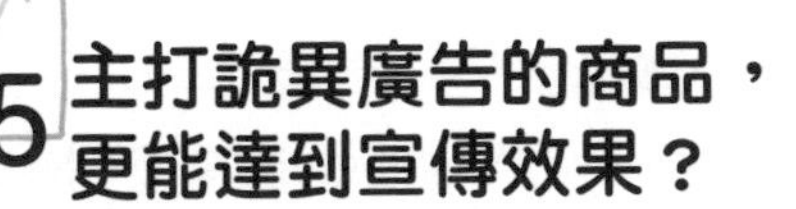

35 主打詭異廣告的商品，更能達到宣傳效果？

我們在日常生活中，時常見到五花八門的廣告介紹各式各樣的商品。其中也有些讓人一看就覺得「很可疑」，這種東西真的會有效嗎？

◎ 一切都是心理作用？

各位是否曾經在雜誌的封底或內容頁，看到登滿怪異商品的平面廣告呢？

像是「三天內熟記3,000個英文單字的超強記憶術」、「幫你痛快消除煩惱的自我啟發DVD」、「開運手環和開運項鍊」等等，實在令人眼花繚亂。

這樣的商品，真的會有效嗎？

雖然這些宣傳文案搭配商品本身，怎麼看都實在讓人覺得十足可疑，但是就結論而言，主打神奇效果的商品，可以說是「還算有效」吧！

不過，與其說是商品本身確實發揮本質上的效果，不如說只是消費者自我感覺良好。換句話說，詭異的廣告具有**消費者自我感覺所帶來的暗示效果**。

關鍵在於，只要消費者自身深信：「我都花錢買了這個商品，肯定能幫助我的頭腦變好！」當事人就會因為這股自我暗示，真的使頭腦聰明起來。

◎ 胡說八道也能達到心理暗示？

美國華盛頓大學（University of Washington）的研究員安東尼・格林華德（Anthony Greenwald），透過海報和刊登報紙廣告，招募有意參加心理實驗的受試者，並且成功募集到288名自願者。

格林華德將號稱能夠提高自尊心效果的錄音帶交給其中一半的人，請他們連續五週、每天都聽這卷錄音帶；至於另一半的人，則是拿到號稱有提高記憶力效果的錄音帶，一樣請他們連續聽五週。

五週過後，他又再次召集這群參加者，詢問他們：「你覺得錄音帶真的有效嗎？」

結果，竟然有50%的人回答：「的確很有效！」

從這個結果來類推，市售的自我啟發錄音帶或許也真的能見效吧？

然而，這項研究最有趣的地方就在這裡。實際上，格林華德在事前悄悄交換了這兩卷錄音帶的標籤。

也就是說，號稱「提高自尊心」的錄音帶，內容其實是「提高記憶力」；而提高記憶力的錄音帶則是相反。

換言之，**有50%的人聽的錄音帶，內容明明都在胡說八道，卻仍然信心滿滿地聲稱「它真的很有效！」**

就算再怎麼天花亂墜地胡謅
只要你相信，就絕對有效

其實是
「提高記憶力」
的錄音帶

其實是
「提高自尊心」
的錄音帶

→ 有50%的人回答「有效！」

◎ 見效與否，由你的心決定

從這項研究可以得證，商品的效果，終究還是取決於消費者的自我暗示。

消費者以為，即便是看似可疑的商品，也應該會得到相應的效果。但這其實只是自己的一廂情願罷了。

開運項鍊實際上並不會為人帶來好運，但是相信「我會變幸運！」的人，或許真的能夠吸引到好運。只是他們自己誤以為這是項鍊帶來的效果而已。

當然，我並沒有全盤否定這些商品的意思。我個人認為當消費者購買那樣的商品以後，如果能因此開始過著有意義的人生，那麼對他們來說，這些商品確實就像護身符一樣值得感激吧。

36 價位、品質中等的商品，人人都喜愛？

當你在購物時，如果眼前同時有高價位、低價位、中價位的商品時，你會選擇哪一種呢？是不是會下意識認為保險起見，應該選擇「中等」的商品呢？

◎ 松竹梅，哪個中選機率高？

各位在日本料理店用餐時，打開菜單往往會看到依價位由高到低，列出「松、竹、梅」三種套餐。這種排列順序看來像是店家推薦的餐點，所以大家通常都會選出其中一種。

那麼，你會點哪一種套餐呢？

從心理學來推論，在這種狀況下，**大多數的人都會點正中間的「竹」套餐**。因為我們一般人都會傾向避免太貴和太便宜的東西，比較偏好中等的價位。

◎ 六成消費者的購物偏好

不論是價格、品質，人都會偏好選擇中等程度的東西，這種傾向就稱作**金髮姑娘原則（Goldilocks principle）**。

這個心理學名詞出自英國童話《三隻小熊》裡的金髮少女歌蒂拉，她喜歡不太燙又不太冷、溫度適中的湯，所以心理學家才會引用這個典故來為這種心理現象命名。

同樣地，大部分的顧客在購買東西時，都會傾向選擇中等程度的商品。

美國西北大學（Northwestern University）的研究員**亞歷山大・切爾尼夫**（Alexander Chernev）做了一項實驗，他準備一本刊登了無線電話機、葡萄酒、防曬乳等多樣商品的型錄，請受試者從相似的三項商品當中，選出各類最想購買的商品。

儘管結果會因商品類型而產生些許誤差，但還是可以發現大約有57.1%到60.1%的人選擇「中等」的商品。過於昂貴或是過於便宜的商品，往往不太受到青睞。

我們**只要遇到三選一的狀況，就會變得毫不在意物品本身的價值，直接選擇各方面都表現中等的物品**。即使經過深思熟慮後，發現高價的商品才是合理的抉擇時，也一樣會不由自主選擇中等的商品。

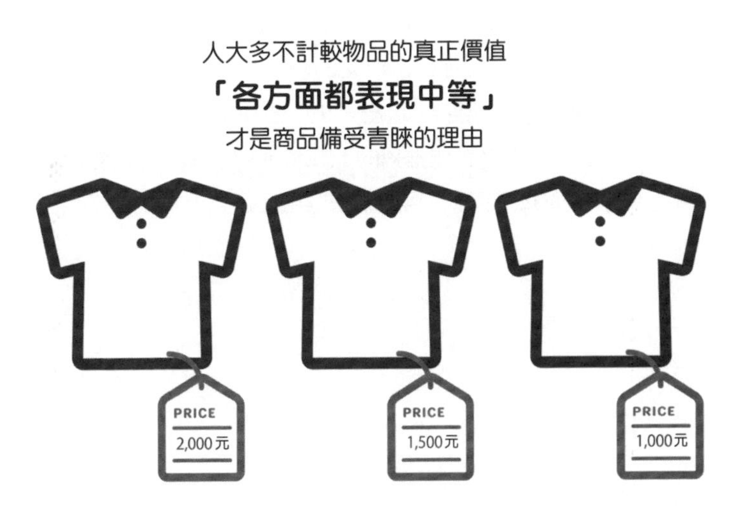

◎ 美女帥哥反而更難脫單

話說回來，人在選擇戀愛對象時，也會出現相同的傾向。

我們都以為像模特兒一樣美麗絕倫或英俊無比的人，肯定會非常受歡迎，但事實卻絕非如此。長相非常醜陋的人容易遭到疏遠，嗯，這還算是合理；但是**容貌過於完美的人，也會有遭到疏遠的傾向**。

就長相而言，最受歡迎的還是容貌平凡無奇的人。這在心理學上稱作**「平均臉效應」(Average Face)**。因為大眾臉讓人覺得熟悉，相處起來感覺自然安心許多。

◎ 商業法則也能應用

附帶一提，只要掌握到「人通常會選擇中庸的選項」這個定律，或許就能運用在各種商業買賣上。

舉例來說，假設我們分別推出定價為1,500元和1,000元的商品，如果想要大量推銷1,500元的商品，我會特地**在旁邊擺上2,000元的「誘餌商品」**。這麼一來，2,000元的商品應該會完全賣不出去，但是真正要推銷的1,500元商品卻會非常暢銷。

可見掌握心理學的定律，也能成功應用在這類促銷手法上呢。

37 吃再多「減肥食物」，只會讓人愈減愈肥？

應該有些讀者正在控制飲食，斤斤計較每餐的卡路里和醣類的攝取量吧？不過，要是你正在吃「減肥食物」的話，可能要小心攝取過量喔。

◎ 健康的食物令人「不滿足」

各位讀者對「健康的食物」和「減肥食物」有什麼看法呢？

是不是覺得這類食物分量很少、卡路里偏低呢？

所以，不管吃再多健康的食物，應該都會覺得「好像吃得不太夠」吧？

要是連你自己都認為「太少」，即使實際上早已吃進超出預定分量的健康食物，你還是會覺得「根本沒吃夠」。

◎ 同樣的食物，不同的飽足度

美國芝加哥大學（University of Chicago）的研究員**史黛絲．芬克爾斯坦**（Stacey Finkelstein）做了一項實驗，她找來51名大學生，請他們試吃點心。

她準備了巧克力覆盆子口味的點心，並修改一部分的外包裝標示。其中一種寫上「好健康」（富含維生素和膳食纖維），另一種則是寫上「真可口」（好甜好好吃）。但事實上，兩種點心的成分完全相同，都是12公克、50卡路里。

等學生吃完以後，她再以7分為滿分，請對方回答：「你覺得自己現在的飢餓程度是幾分？」

結果，吃了「真可口」包裝點心的學生，回答的飢餓程度平均是3.76分；但吃了「好健康」包裝點心的學生，平均則是5.12分。

從實驗結果可以看出，學生要是吃了標榜健康的點心，即使才剛把點心吃下肚，也依然感到飢餓。滿分7分中就占了5.12分，可以算是肚子還很餓吧。

◎ 想減肥，卻愈減愈肥？

「我想減肥，所以要買減肥食物！」這對大家來說是理所當然的想法，但還是先不要急著行動會比較好。

參考前面的實驗例子，我們可以得出結論——就算改吃減肥食物，恐怕也無法填飽你的肚子，**反而有可能會害你吃得更多**。如果你以為「反正是減肥食物，多吃一點應該也沒關係吧？」最終只會導致卡路里攝取過量。

「反正是減肥食物」這種得過且過的念頭，會誘使你吃下普通一餐的兩倍、甚至三倍的分量，「愈減肥卻愈胖」幾乎是可以預期的結果了。

由此可見，**只要包裝上標榜「健康」或「瘦身」，就會令人感到不滿足**，並因此提高吃進更多的風險。

倘若會造成這種結果，還不如一開始就減少每一餐的分量，說不定還比較有效。

即便是相同食物，只要標榜「減肥食物」就不容易吃飽

要小心別吃太多喔！

38 限制年齡的禁令，反而更令人無法抗拒？

「18禁」、「未滿18歲禁止吸菸喝酒」等法定禁止的行為，更容易引起大家的興趣。這和「每日限量10份」之類的促銷活動是同樣的原理，所以才格外引人注意。

◎ 打破禁忌的吸引力

有些電影和DVD會禁止出售給兒童，以免造成不良影響。部分電玩遊戲也會在外包裝盒上標示「本作品涉及暴力血腥的畫面」之類的警語。

不過，從心理學的角度來看，這些禁止和警告標語，實際上可能會造成反效果。因為，人類的心理是**愈被禁止，興趣就會愈發濃厚**。

這種現象，就叫作**「卡里古拉效應」（Caligula effect）**。

◎ 愈禁止，就會讓人愈好奇

以前，義大利和美國曾經合作拍攝了一部電影《羅馬帝國艷情史》（*Caligula*）。這部電影描述了羅馬皇帝卡里古拉暴虐冷血的一生，但因為畫面過度殘暴，同時包含激烈的性愛場面，導致波士頓等城市禁止該片上映。

然而，這部禁片卻因此掀起熱烈的討論，使得許多影迷紛紛特地到波士頓相鄰的城鎮一睹為快，結果迫使波士頓政府也不得不放寬限制，公開上映了。

從此，這種「因為被禁反而讓人更感興趣」的現象，便稱作卡里古拉效應。

儘管內容稱不上多麼有趣，但只要打上「禁止」的警語，我們這些大人就會產生濃厚的興趣，更別說是孩童了。

◎ 我們天生愛反骨

美國密西根大學（University of Michigan）的研究員**布拉德．布希曼**（Brad Bushman）做了一項實驗，他讓900位孩童觀看琳瑯滿目的電視節目表，分別詢問他們：「你想看哪個電視節目？」結果發現，帶有「警告標示」的節目，比沒有這種標示的節目更能催化孩子的好奇心。

我們天生就有反骨的一面，總會不由自主地對那些被禁止的事物深感著迷。

行文至此，請容我插一句話。我也很懷疑那些青少年取向的反毒宣導活動，是否真的能發揮實際的效果。

我擔心的重點是，**舉辦愈多「千萬別貪圖一時之快而吸毒」的宣導活動，難道不會吸引更多青少年輕率地接觸毒品嗎**？

◎ 就是要吊你胃口

話說回來，「卡里古拉效應」這種心理現象，也可以當作一種市場銷售策略。

愈是遭到禁止的事物，愈能引起大家的興趣，所以與其「儘量賣、大量賣」，倒不如**特意強調「商品有限，售完不會再賣」，**

反而更能吸引人潮。

舉例來說，店家推出「每日限量10碗的拉麵」或是「每日限量100份的鬆餅」，言下之意就是「超過這個數量就不賣」，但此舉似乎更能吸引大量的客群朝聖。

店家刻意運用「飢餓行銷」的手法，就是要讓客人處於想買卻買不到的著急狀態，所以也算是一種利用卡里古拉效應來制訂的市場策略。

除此之外，會員制的餐廳和高級酒吧，這種經營手法也是應用卡里古拉效應，轉化為「只接熟客」的商業模式。

第5章
「媒體與社會」的心理學

39 新聞總是充斥腥羶色，想重獲和平只能與世隔絕？

不分時候，新聞和報紙都淨是報導一些可怕的案件、事故、災害，或是醜聞。雖然大眾媒體有必要設法吸引讀者和觀眾的注意力，但報導的內容總是令人喪氣。

◎ 報紙和電視以負面消息居多

我不看報紙，也不太關注電視新聞。這倒不是我缺乏對社會的關注，而是因為不管報紙還是電視媒體，往往都充斥社會案件、災害、事故、犯罪等負面的消息。

這些一面倒的報導內容，只會讓我們接收到「日本的教育失敗」、「日本充滿政治亂象」、「惡質企業一心只想賺錢」、「消費者缺乏環保意識」……諸如此類的惡言惡語，教人情緒怎麼能不低落。所以，我都儘量不看報紙和電視，因為**特地去看會破壞心情的新聞根本沒有意義**。

大眾媒體總是莫名地偏好報導悲觀負面的消息。這是因為，唯有如此**才能吸引讀者和觀眾的注意力**。

◎ 負面標題才能引人矚目

美國馬里蘭大學（University of Maryland）的研究員約翰．紐哈根（John Newhagen）調查了許多電視新聞報導，確定**負面含義的標題比較容易受到矚目**。

無論是報社還是電視公司，都是屬於營利事業，必須盡可能吸引到更多讀者或提高收視率，確保收入來源，所以才會傾向選擇報導大眾通常比較感興趣的負面新聞。

不過，要是我們目光所及都只能看見這類新聞的話，心情肯定會變得很糟糕，思維也變得厭世起來。

貶抑政治人物、瞧不起現在的年輕人，這種論調的新聞實在是令我非常厭煩。

◎ 遠離負面資訊

如果想要過著快樂的日子，**就要設法避免接觸負面資訊**。只要遠離這種消息、不聞不問，生活就會開心多了。

根據美國麻薩諸塞州布蘭戴斯大學（Brandeis University）的研究員德瑞克・艾薩考維茲（Derek Isaacowitz）的說法，在樂觀程度測驗中拿到高分的人，平時都會特意避免接觸負面的資訊。看來，他們都會下意識遠離會讓自己陷入負面情緒的消息。

樂觀的人之所以能夠一直保持樂觀，是因為他們不接觸會使自己情緒低落的資訊。這的確是個非常聰明的方法。

換個角度思考，這個結論也間接說明**悲觀的人老是接收負面的消息，所以才會變得悲觀**。只要刻意阻擋這些消息，就不會變得那麼悲觀了。

◎ 時事是社會人士必須隨時更新的基本常識？

很多人都強調「出社會以後，不能連報紙都不看」、「不看新聞是不行的」，但事實真的是如此嗎？我幾乎不看新聞，也完全不痛不癢，反而還可以避免破壞自己的心情。

不只是報紙和電視，書籍刊物也是一樣。比起閱讀會令自己心情沉重、眉頭不展的書，不如多讀一些能夠確實賦予自己勇氣、可以讀得很開心的書，才能讓個性更樂觀。

媒體的工作
就是吸引大眾的興趣

案件、事故、犯罪、災害、醜聞
批判、避難、誹謗、中傷⋯

人會在不知不覺中被這些因素吸引
導致正面的消息偏少

只要避免接觸負面消息
心境就會更開朗樂觀

40 新聞熱播犯罪案件，會產生更多類似的事件？

某個駭人聽聞的罪件經過媒體大幅報導，奇妙的是，之後就會接二連三發生類似案件。這是因為「電視」的影響力出乎意料地深刻，許多人進而模仿這些行為。

◎ 成功犯罪會使罪犯加冕為英雄？

當一起犯罪事件，經過媒體接連幾天不間斷地追蹤報導後，這陣子每個人居家出外都必須小心一點。因為，**會有更多人模仿同樣的手法犯行**。一旦發生犯罪案件，類似的事件就很容易接二連三地發生。

美國印第安納大學（Indiana University）的研究員**羅伯特・荷登**（Robert Holden），曾經統計調查過在美國境內發生的劫機事件。

荷登查出劫機成功的案例有78件，失敗的案例有38件；尤其在歹徒劫機成功之後，就會連續發生更多的劫機事件。

當電視新聞報導劫機犯的消息時，如果他成功了，就會被某些潛在犯視為英雄。當這些人看見新聞後，就會興起模仿犯行的念頭。

附帶一提，如果劫機失敗了，人們自然就會覺得「壞事果然不能做」，後續也不會增加模仿犯罪的事件。

現代人都會受到大眾媒體的影響，所以在事件或事故發生後不久，都必須多加注意自身安全。

◎ 犯罪事件的連鎖效應

新聞只要一報導大眾運輸色狼變多的消息，之後就會頻頻發生類似的色狼騷擾事件；一報導飛航事故的消息，飛機的意外事故就會莫名地不斷發生；只要報導便利商店的搶案，也會再三發生類似的搶劫事件。

不僅如此，名人自殺的報導，也會導致自殺事件頻傳。這種現象就稱作**「維特效應」（Werther effect）**。

德國大文豪歌德（Johann Wolfgang von Goethe）的代表性經典名著《少年維特的煩惱》（*Die Leiden des jungen Werthers*），故事的主角維特滿心懷抱熾烈的愛情，最後也因情傷而舉槍自盡。當這本書出版以後，也使當時不少年輕人產生共鳴，進而帶動一股自殺潮。

基於上述這段軼聞，**當媒體報導自殺的消息後，導致自殺率暫時升高的現象，在心理學上就被稱作「維特效應」**。

◎ 連續劇的影響力日久才發揮

我們在看電視的時候，都以為自己只是純粹欣賞虛構情節，根本不會受到節目內容影響。但事實上，我們常常會在不知不覺間慢慢接受其中傳達的價值觀。

所以，當你從新聞媒體中得知又有犯罪和事故發生時，千萬別認定「這跟我沒關係」，而是要繃緊神經、時時警惕自己**「這麼危險的事，說不定就會發生在我身邊」**。畢竟，會想模仿事件犯行的人，可能就在你的生活周遭悄悄活動。

雖說「君子不立於危牆之下」，但是在犯罪和事故被報導出來後，還是暫時不要深夜外出、不要走進暗巷，避開任何潛藏危機的地點或活動，確實做好防範措施吧。

君子不立於危牆之下

品行端正之人會謹言慎行
不輕易涉入險境

小心模仿犯！

41 與其硬著頭皮找藉口，老實承認錯誤更省心省事？

企業的醜聞總是不絕於耳，而企業高層在公開舉行道歉記者會時，刻意隱瞞真相的例子也不在少數。但隱瞞事實真的會比較「有利」嗎？

◎ 醜聞曝光，多半來自內部人員檢舉

近幾年來，總有一種企業醜聞愈來愈多的感覺。絕大多數的醜聞，都是因為內部人員的檢舉才得以曝光，幾乎沒有哪一件醜聞是公司自己主動公開。

俗話說「家醜不可外揚」，但是企業刻意隱瞞對自己不利的事實，只有百害而無一利。但是實際上，企業都是秉持能拖則拖、絕不公開的原則。

一旦惡行曝光，即使企業高層公開向大眾道歉，我們市井小民想必也不願意輕易原諒他們吧。與其說這些高層缺乏誠意，不如說實在看不出他們是否真的誠心認錯，所以根本沒有原諒他們的意思。

這種不利於企業名聲的事實，還是盡快公開承認，遠比持續隱瞞要痛快多了吧。而且，也有實際案例證實，採取這種坦率認錯的態度，才能重新獲得大眾的信賴。

◎ 老實認錯才省事

2001年，美國密西根大學附設醫院（University of Michigan

Hospital）成立一項醫療疏失公開專案，要求醫療人員老實承認自己的醫療疏失，向患者說明疏失的原因，並且協助患者與家屬申請補償。

亞倫・卡恰利亞（Allen Kachalia）醫師調查了這項公開專案，發現在專案生效前六年，每年平均就有39起因醫療疏失而引發的官司；但是自從開始引進公開醫療疏失的機制以後，官司已減少為每年17件。

從數值可以清楚發現，在未公開醫療疏失的時期，醫療訴訟的案件比較多。或許是因為從病患的立場來看，會無法接受自己承擔的結果，於是才想馬上尋求法律途徑解決吧。

然而，**自從醫院開始公開醫療疏失後，訴訟案件比過去少了一半以上**。從大學醫院的角度來看，這實在非常值得慶幸。

此外，假使雙方依然需要對薄公堂，最後發展到和解所需的時間也能縮短30%；在公開疏失前，訴訟所花費的時間平均為1.36年，但公開後平均只要0.95年。

公開承認醫療疏失後

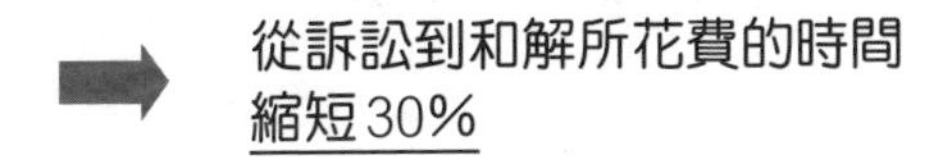

◎ 總有曝光的一天，不如乾脆承認

追根究柢，對自己不利的事實**還是要坦白承認錯誤，才能避免日後衍生出更多的麻煩**。

站在人情的角度，我也能充分理解當事人內心徬徨不安，這種「事實要是曝光會很慘，只好能瞞多久就瞞多久」的心情。我們都能明白，只要是人，都不會想刻意提起對自己不利的事。

但是，隱瞞的真相總有一天會曝光，這是世間不變的常理。反正遲早都會曝光，不如自己主動公開，還比較乾脆爽快一點。

如果刻意隱瞞真相，
曝光時付出的代價會更大

42 攻擊是最好的防守，這句話也能套用在戰爭上嗎？

日本在太平洋戰爭結束以後，享受了很長一段沒有戰爭的和平時代。但是在世界的其他角落，有些國家至今依舊爭戰不休。為什麼會這樣呢？

◎ 從挑釁到偶發的衝突

日本的漢字能力檢定協會，公布2017年的代表漢字是「北」。「北」這個字有各式各樣的含義，而這年連日出現「北韓」相關的報導和新聞，也是這個字入選的理由之一。

當年北韓與美國互相挑釁，令很多人不禁擔心：「事態這樣發展下去，會不會演變成戰爭啊？」

俗話不是有句話叫作「以牙還牙、以眼還眼」嗎？要是回應對方的挑釁，事情就會往愈來愈糟的方向發展，接著偶然發生零星的衝突，最終爆發全面戰爭。

◎ 自我保衛的心理引發攻擊行為

心理學上有一種著名的現象，叫作**「鏡像效應」（Mirror-image）**。

這是由美國康乃爾大學（Cornell University）的研究員尤里・布朗芬布倫納（Urie Bronfenbrenner）所發明的詞彙，他詳細分析了冷戰局勢下美國和蘇聯的武備競爭結構和模式，從而創造這個名詞。

比方說，A國和B國互相敵視，而A國在自己與B國的國境邊界蓋了一座頗具規模的基地。這是因為A國不曉得B國何時會出兵攻打過來，所以才預先建造基地，以便自我防衛。

然而，B國卻把這座基地視為A國準備攻打自己國家的信號，開始緊急擴充軍備。當然，這個舉動也是出於自衛。

A國眼見B國突然開始擴充軍備，便緊張了起來，心想「看來他們是鐵了心要打過來」。

於是雙方都不斷擴充軍事設備，導致兩國果真陷入戰爭一觸即發的緊張狀態。這就是布朗芬布倫納的分析結果。

◎ 如何避免鏡像效應

上述例子就最原始的心理狀態來探討，不難發現其實是**自己討厭對方，卻以為對方討厭自己**。

這種心理儼然就像照鏡子一般，將鏡中反映的自我形象錯認為是對方的真實樣貌，所以布朗芬布倫納才將這種現象命名為「鏡像效應」。

姑且先不討論一開始的是非對錯，總之，在鏡像效應的加持之下，雙方互相敵視的心態要是不停地升高，那麼最終後果可就非常危險了。

首先，當事人務必保持冷靜，思考**「對方應該也跟我一樣，有十分正當的理由吧」**，否則便無法遏止鏡像效應的發生。

類似的情況不只侷限於國與國之間，日常的人際關係也一樣會產生鏡像效應。

「都是你的錯」、「才怪，你錯得更多吧」諸如此類的口舌之爭，與國家之間動輒影響全世界的紛爭相比，或許渺小得微不足道、也不會造成多麼慘痛的悲劇。但是，要是雙方不停止互相敵視的行為，關係只會每況愈下，務必要謹慎處理。

鏡像效應

最重要的是冷靜思考
「對方一定也有他們的理由」

43 和厲害的明星偶像比較，難道不是正向上進心？

有些人經常拿自己和優秀的人比較，然後哀嘆「我怎麼這麼沒用」。這種比較的心理稱為「社會比較」，也是令人們內心充斥不滿的一大原因。

◎ 最好別以優秀卓越的人當標準

當我們看到電視節目中閃亮登場的偶像明星或女演員時，難免會懷著憧憬的心情，渴望能夠變成他們——這種欣羨的心態其實是件好事。這代表你用自己的方式找到學習的榜樣，並且會為了成為那樣的人而努力。

但是，在現實生活中，卻有不少人會拿自己和獲獎女演員、國際模特兒相比較，並因此感到灰心失落。不如說，這種人其實意外地還滿多的吧。

當然，節目和雜誌上登場的模特兒都是條件特別出眾的人。她們特別苗條、特別有魅力，理所當然與眾不同。本來就不能拿這樣的人與自己相比。

◎ 滿懷自我偏見沒有任何好處

美國華盛頓大學（University of Washington）的研究員**戴安・瓊斯**（Diane Jones），請80名高中生比較自己和媒體上出現的同性別模特兒，結果發現他們在調查中表現出對自己更加不滿意的傾象，而且不論男女都是如此。

拿自己與別人比較，這種行為在心理學上稱作**「社會比較」**（Social comparison）。**和比自己高竿的人做社會比較，一定會因失落而感到不滿**。因此從心靈健康的角度來看，最好不要和比自己優秀的人相比。

無論你平時習慣從電視還是從雜誌中獲得時尚資訊，總之，都絕對不要拿模特兒與自己比較，這樣才能讓心理保持健康。

◎ 令石川啄木自嘆弗如的對手

日本歌人石川啄木寫出「朋友紛比吾出頭」這首短歌時，年齡正值24歲。這是一首感嘆「朋友一個個出人頭地，只有自己還沒出息」的短歌。※

但，啄木到底是拿自己和誰比，才會這麼鬱鬱寡歡呢？原來是日本語言學家金田一京助，還有小說家野村胡堂。也就是說，他拿自己與在東京大學擔任教授的朋友，以及隸屬知名報社勝任大牌記者的朋友比較，才會這麼自慚形穢。

不論是誰，只要和社會位階比自己高的人比較，肯定都會意志消沉。

所以，大家千萬別輕易拿自己和別人相比。畢竟，**刻意做這種肯定會破壞自己心情的事，實在一點好處也沒有**。

※ 編註：原歌為「朋友紛比吾出頭　買束鮮花　與妻賞」，收錄於短歌集《一握之沙》。註解引用之中文翻譯為林水福譯。

44 體育比賽的勝負，從制服顏色就見真章？

應該有不少人都曉得，紅色有激發競爭意識、振奮人心的效果吧？但是各位知道，顏色對人的心理影響究竟有多大呢？

◎ 紅色會點燃競爭意識

在體育比賽當中，制服的顏色出乎意料地重要。

我甚至能夠更武斷地說，穿什麼顏色的衣服出賽，會直接或間接地影響勝出的比例。從這個角度來看，比賽打從一開始就不夠公平了。

根據色彩心理學的原理，「紅色」會點燃人的競爭意識。因此只要運動員穿上紅色的衣服，「上吧！」「我贏定了！」這些情緒就會咕嚕咕嚕地沸騰起來，讓人發揮出比平常更堅強的實力。

話說回來，日本現任參議院議員、別名「燃燒的鬪魂」的安東尼奧．豬木※，在擔任職業摔角選手的時代，就是穿著大紅色運動褲、披著紅色毛巾登臺呢。

◎ 紅色的勝出機率超過一半？

話說回來，還真的有研究員針對這個色彩心理現象，擬定「穿紅色的選手，在比賽中是否占有較大的優勢？」這個假設，並且特地調查查證。

英國杜倫大學（University of Durham）的研究員羅素．希爾

（Russell Hill），在學術雜誌《自然》（*Nature*）上刊登過一篇很有趣的論文。

希爾收集了2004年夏季奧林匹克運動會舉辦過的希羅式角力、自由式角力的業餘角力比賽，以及跆拳道、拳擊等所有的比賽結果，總計457場比賽。

這些比賽項目有一個共通點，那就是選手只會穿紅色或藍色其中一種制服。希爾便調查各場比賽的紅色衣服選手，是否贏過穿藍色衣服的選手。

結果發現，**這四項競賽項目當中，都是由穿紅色衣服的選手贏得較多場賽事**，全體的勝出率為55%。

不管運動員身穿紅色還是藍色，如果顏色不會對任何一方造成影響，照理說勝出率應該都是50%才對，但紅色衣服的勝出率卻是55%。

※ 編註：日本首位當選國會議員的職業摔角選手，任期分別為1989～1995年與2013～2019年。而本書在日本初版上市時間為2018年。

◎ 商務場合也適用

體育競技必須力求公平，但誰也想不到衣服顏色居然會影響輸贏，大概就連奧運委員會也沒發現這其中的奧妙吧。

基本上，水準高到能夠代表國家參加奧運的選手，實力都是不相伯仲，雙方差距應該小到幾乎可以說是沒有。

因此撇開技術要素，不論採用什麼微妙的形式，**在身上穿戴有利於心理狀態的顏色**，才是影響最終勝負的重點。

如果各位讀者平常會從事某些運動的話，除了比賽的制服以外，平常訓練的穿著和配件，最好也統一使用紅色。把紅色穿在身上，或許就能幫你贏得比賽喔。

附帶一提，在商務場合上，若是需要談一場重要的生意時，也最好打上**紅色的領帶**。這樣可以幫助你繃緊神經、為自己提振精神。

紅色會點燃人的競爭意識

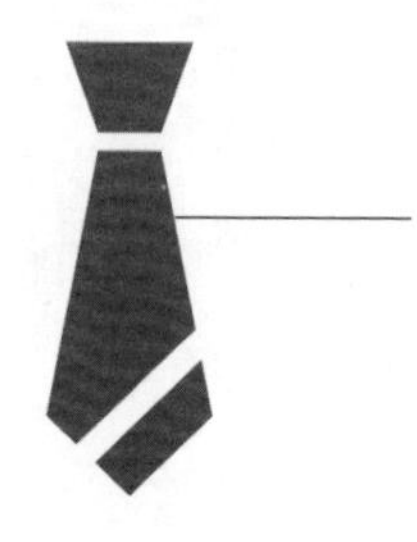

不少政治人物和企業領袖，
都喜歡把紅色穿在身上

45 銀牌還是銅牌，奪得哪個名次會更開心？

在體育賽事的頒獎典禮上，我們時常發現冠軍和季軍得主的笑容，通常都比亞軍得主要燦爛得多。這到底是巧合還是觀眾的錯覺呢？

◎ 冠軍和季軍都是滿臉笑容，那麼亞軍呢？

我在寫這本書的同時，2018年冬季奧林匹克運動會正在如火如荼地進行。而在花式滑冰項目中，日本的代表選手羽生結弦，在連續兩屆大賽都奪得了金牌，並且在頒獎典禮上展現出燦爛無比的笑容。

當我們在看奧運頒獎典禮時，每一種競賽、每一個項目的金牌得主都是滿臉笑容，但不曉得各位讀者是否發現過，臺上的銀牌得主不知為何看起來都不太開心。

這個現象無論是冬季奧運、夏季奧運，還是世界錦標賽都是如此。屈居第二名的選手，通常都顯得不怎麼高興。歡天喜地的只有第一名的金牌得主，以及第三名的銅牌得主。而第二名的銀牌得主往往不是面無表情，就是神情明顯強顏歡笑，感覺並沒有那麼開心。

◎ 亞軍是「輸家」，季軍才是「贏家」？

美國康乃爾大學（Cornell University）的研究員維多莉亞・麥德維克（Victoria Medvec），曾經研究過這種現象。

她分析了由美國國家廣播公司NBC轉播的1992年巴塞隆納奧運影片，分析內容是所有比賽項目的頒獎典禮上，得獎選手的「表情」。

我們多少都能想像得到研究分析的結果，榮獲金牌的選手會露出最燦爛的笑容。畢竟他都成為世界冠軍了嘛，肯定是檯上最高興的人。

至於銀牌得主和銅牌得主呢，銅牌得主所展現出來的笑容，遠比銀牌得主要燦爛得多。為什麼季軍的選手會比亞軍選手還要高興？

麥德維克是這麼分析的。

第二名的選手在總決賽上「輸」給了第一名的選手，才會得到銀牌。換句話說，他們在賽後頒獎時，滿腦子依然深陷在「我輸了」的認知當中。

而且，亞軍選手還會感到滿滿的懊悔和遺憾，內心不斷自我譴責「我要是再加把勁，就能拿到冠軍了」、「明明就只差一點」。所以，即使他們拿到第二名的好成績，也依舊悔恨交加，實在是笑不出來。

但是，第三名的季軍就不一樣了。

第三名的選手是「贏」得了季軍賽，才會得到獎牌。他們內心自然會大大鬆了一口氣，自我慶幸「啊，好險，總算拿到獎牌了」。否則要是淪落到第四名，根本什麼也拿不到。第三名至少還能獲得獎牌，沒有比這個更開心的事情了。

基於上述的心理落差，相信大家就可以理解，為什麼相對於銀牌得主一副悶悶不樂、啞巴吃黃蓮般的苦澀表情，銅牌得主卻能笑得滿面春風了吧。

了解這些緣由以後，再重新觀察頒獎典禮上的選手表情，或許會覺得欣賞賽事變得更富趣味。

46 想順利推動新制度，就要強調「大家都這樣做」？

不管政府再怎麼宣導「為了保護環境，請大家做好〇〇」，但還是會有很多人心存僥倖，導致政策遲遲無法順利推廣。要說服別人，就要善用一點訣竅。

◎ 應該不差我一個人吧？

飯店旅館為了推廣環保活動，都會呼籲房客將廁所的衛生紙確實用完再更換，或是重複使用毛巾。然而，房客卻往往對此充耳不聞。

大家知道為什麼會這樣嗎？問題就出在館方勸導房客的方法。

大多數的住宿設施都會說「請珍惜資源」、「愛護地球」，但這種說法是不可能會讓房客乖乖聽話的。

當然，這些都是為了保護環境必須要做的事情，但這種勸說方式，會強化對方**「道理我都懂，但應該不差我一個人吧」**的念頭，並不會想實際採取行動。

既然如此，那麼應該要怎麼做，才能讓大眾都願意響應環保活動呢？

◎ 改說「大家都會這樣做」

美國芝加哥大學（University of Chicago）的研究員諾亞·葛斯坦（Noah Goldstein）認為，只要改變勸導的方法，就能提高大眾配合的意願。

因此，他想出了一種呼籲方法，就是強調「大家都這樣做」。他認為這種說法，應該可以有效說動住宿的房客。

當我們聽到「大家都這樣做」時，就不會覺得「應該不差我一個人」了。

葛斯坦的論點是，既然「大家都會做」，那麼民眾應該就會覺得「那我也來做吧」。

於是，他立刻委託了一名旅館老闆，讓他在旅館裡進行為期80天的實驗。在一段期間內，客房裡照樣貼著「環境保護人人有責」的標語，葛斯坦則調查這段期間內的毛巾重複使用率。結果，只有35.1%的房客願意重複使用毛巾。

接著，他將房內的標語改成**「敬請全體房客協助配合」**，結果毛巾的重複使用率提高至44.1%。或許各位覺得這個數字還是很少，但重複利用的人增加了10%，所以就成果數字而言，這個方法大致上還是算成功了。

◎「不能只有你不做」的說服張力

「大家都這樣做」這個說詞，是一種非常有效的說服方法。

只要聲稱「會給大家添麻煩」，就不會有人堅持自己一個人也要繼續抽菸；只要聲稱「大家都會好好遵守」，就不會有人堅持自己一個人也要把腳踏車亂停在路邊。

如果想要勸導對方，只要告訴他「大家都這樣做喔」，效果就會立竿見影。只要記住這一點，很多規則宣導或新制推行都會變得更順暢，請各位務必牢記在心。

感謝您
幫忙維護
環境的整潔

在公共廁所等地點常見的標語
也是用「大家都會維護整潔」
（所以希望您也一起合作）
的語氣來宣導

47 器官捐贈人數低靡，都是因為登錄系統太糟糕？

我們往往會很強烈地排斥「特地去做某件事」。只要覺得有一點麻煩，往往就會避之唯恐不及、放任不管。器官捐贈人數始終無法提升，正是因為如此。

◎ 雖然大家都覺得這是件好事……

在日本，每年願意捐贈器官的人數始終無法提升。儘管已經熱烈舉辦了各種宣導活動，但人數依舊低靡。為什麼願意捐贈器官的人一直都這麼少呢？

難道，日本的國民性就是這麼冷漠嗎？

不不不，當然不是這樣。

其實，美國也和日本一樣，遲遲無法提高捐贈器官的人數。

根據美國的調查，有85%的美國國民認為「捐贈器官是件好事」，可是一旦請他們簽名加入時，卻只剩下28%的人會當場答應。這種懸殊的差距，和日本現狀幾乎是如出一轍。

◎ 想招募眾多捐贈者，就要這麼做

美國哥倫比亞大學（Columbia University）的研究員艾瑞克．強森（Eric Johnson）指出，美國的器官捐贈人數之所以這麼少，可能是因為「捐贈的登錄方式很糟糕」。

強森在研究報告中提到，波蘭的器官捐贈者約占全國人口的99.50%，法國的捐贈者則有99.91%，匈牙利有99.97%，個個都高得令人難以置信。但其實是因為這些國家的登錄方法和美國大不相同，才會取得全然不同的結果。

強森指出，美國要是**只會詢問民眾：「你願意捐贈器官嗎？」這麼做絕不可能增加志願人數**。採用這種作法，就代表民眾若是沒有主動說出「我願意捐贈器官」，就會被視為不想捐贈器官。

然而，在器官捐贈人數將近百分之百的國家，詢問的方式卻截然相反。他們的作法是，**倘若民眾不主動表明「我不想捐贈器官」，就會自動認定為「願意捐贈器官」並登錄為捐贈者**。

如果美國也採取這種作法，至少就數值來看，捐贈者應該會比以往更多。

換個角度想，若是日本也能採取這種作法，捐贈人數或許有望大幅增加吧。

◎一點小事也容易嫌麻煩

是人都有嫌麻煩、不想承擔麻煩的一面，因此**很容易對「特地去做某件事」感到排斥**。

各位可能看到這裡會心想，主動表示「我想捐贈器官」然後簽個名，應該就只是舉手之勞，不算什麼太麻煩的事吧？但**不想做「有點麻煩」的事，也是人類的一種心理**。所以，只要幫大家省去麻煩的手續流程，捐贈人數就會大幅躍進了。

網路購物也是一樣，如果系統設計成必須點擊好幾次才能成功下單，就會讓人即使看到想買的東西，也會在瀏覽過程中慢慢消磨掉「下單購買的動作」的衝動。世界最大型的網路書店亞馬遜（Amazon）之所以能如此迅速且成功地崛起，就是因為亞馬遜的特點為只要點擊一次即可購買完成。

順帶一提，增加會員最快速的方法，就是**省去所有麻煩的手續**。畢竟，麻煩的事能省則省，這就是人的天性。

我們的行為會傾向
從「麻煩事」轉移到「不麻煩的事」
網路購物的興盛
就是因為這種作法「比較不麻煩」

48 選舉投票的偏好，有七成是看候選人的長相？

選舉的結果要看臉，各位聽到這種話應該都會大吃一驚「蛤～這怎麼可能！」但的確有研究顯示，用長相預測當選人的準確率高達七成，可信度相當高。

◎ 政策、人品、學經歷根本不重要？

一般人都會認為，政治人物需要具備提出優秀政策的能力，或是擁有卓越的理想、清白廉潔的人品等等條件。

但是，現實的狀況，卻與上述這些條件八竿子打不著關係。

因為，選民選擇政治人物的基準，主要在於「長相」。應該很多人都覺得不會吧！有這種事？所以，後面就來談談實際的研究案例。

◎ 預測成功的機率高達七成？

美國普林斯頓大學（Princeton University）的研究員**亞歷山大・托多羅夫**（Alexander Todorov）說過，「只要調查候選人的長相，就有七成的機率可以成功預測誰會當選」。

托多羅夫做了一項實驗，他拿出兩張2004年美國上議院選舉的候選人照片，詢問民眾：「你會想投票給誰？」統計結果發現，只要注意到「某個線索」，就有高達68.8%的機率可以準確預測誰會當選。

不僅如此，托多羅夫也進一步分別在2000年、2002年的選舉期間，重複進行相同的實驗。三次實驗合計平均起來，有71.6%的機率可以準確預測當選人。

那麼，需要注意的那個「線索」究竟是什麼呢？

難道重點還是在長相嗎？愈英俊或是愈漂亮的候選人，就愈容易當選嗎？

其實，關鍵線索並不在於相貌的美醜。

◎ 重要的是看起來有多能幹

根據多托羅夫的說法，**需要關注的是候選人的「幹練程度」**。但什麼是幹練程度呢？就是**看起來有多聰明、工作能力有多強**。

多托羅夫針對每一位候選人，詢問民眾：「你覺得他看起來有多能幹？」結果發現，**看起來愈能幹的長相，候選人當選的機率也愈高**。

一個人在工作上是否成功，通常只要看臉就能略知一二了；同樣的道理，適不適合當政治人物，只要看候選人的面相就大概明白了。

雖然我不懂得看面相，但還是能運用心理學的知識，分辨哪一位候選人有望當選。

實際上，「看起來很聰明」的人也多半都能當選。

◎ 娃娃臉不適合從政？

我們都喜歡「稚嫩可愛的長相」，也就是一般通稱的「娃娃臉」。相信所有的長相裡沒有比娃娃臉更受歡迎，但是，這樣的人卻不太適合從政。

這是因為，娃娃臉看起來很「孩子氣」，雖然十分討喜，卻容易讓民眾覺得「看起來不夠聰明」、「似乎不可靠」，於是也很難順利當選。

芬蘭赫爾辛基大學（Helsingin yliopisto）的研究員**帕努・普特瓦拉**（Panu Poutvaara），曾經給街訪民眾觀看2003年芬蘭議會選舉的868名男性候選人，以及917名女性後選人的照片，並詢問他們覺得哪些人有娃娃臉。結果發現，長相愈稚嫩的候選人愈容易落選。

無論如何，有志於從政的人，最好都能擁有出色的政見，只是選民（不論是有意識或無意識）未必會從這方面來評價。現實就是，有些選民**只會從長相來投下他的這一票**。

× 理念
× 人品
× 能力
◎ 長相

「看起來很聰明」
「看起來很幹練」

下次選舉時，請各位用這個角度驗證看看
一定會有全新的發現

49 「民族性」這種刻板印象真的存在嗎？

根據各種研究，奇妙的是，每個國家確實都有各自獨特的「民族性」。以下就來介紹其中一小部分。

◎ 全體國民共有的性格

人的性格雖然各有千秋，但各個國家的人民都共同擁有一種「國民特質」。好比說日本人還是有日本人的特色，美國人也有美國人特有的性格。

各個國家國民的性格當然也是形形色色、略有差異，但依然有一種大家共通的民族性。所謂的民族性，就是**「某個國家全體國民的性格」**。

◎ 愛生氣的程度，也會依國家而不同？

英國牛津大學（University of Oxford）的研究員約瑟夫·福格斯（Joseph Forgas），曾研究過歐洲各國在「易怒程度」方面的民族性。

福格斯的調查方法，實在是非常獨特新穎。

他開著車在路口等號誌燈，當燈號由紅轉綠時，他也不踩油門前進，就繼續停在原地，想測試後方車輛的駕駛有多大的耐心，藉此調查該國國民的易怒程度。

福格斯把車停在號誌燈前，在燈號轉綠之後按下碼表，計算後方車輛等了多久才按喇叭。結果發現，**最容易生氣的是義大利人**，他們大約在5秒後就會按喇叭。

其次是西班牙人，他們的易怒程度是6秒；緊接著是法國人的7秒。而最有耐心的則是德國人，他們足足等了7.5秒。

如果在日本進行相同的研究，不曉得會是如何。我還滿好奇在日本會得到什麼樣的結果。

當然，光靠這種研究來斷定民族性，實在有失公允，不過這也算是一種有趣的參考資料吧。

◎ 最講究「規律」的國家

除此之外，也有某項研究調查了多個國家的「規律性」。

有研究員調查過各國主要銀行掛設的時鐘準確度、誤差有多少，比較出哪一國的人最馬虎、哪一國的人最認真，結果報告中指出，**最認真的民族是日本人**。日本人對時間錙銖必較，一旦時鐘失準，就會馬上修正。有些國家的時鐘豈止是差了一分兩分，有的甚至還差了半小時呢。

◎最「急性子」的國家

不僅如此，還有個研究測量了各個國家的首都居民，平均能夠以幾秒的速度跑完一百公尺，藉此調查各國國民的「性急」程度。不過很抱歉，我的印象有點模糊了，只依稀記得日本人在這個研究裡似乎也是名列前茅。

第6章
「工作與職場」的心理學

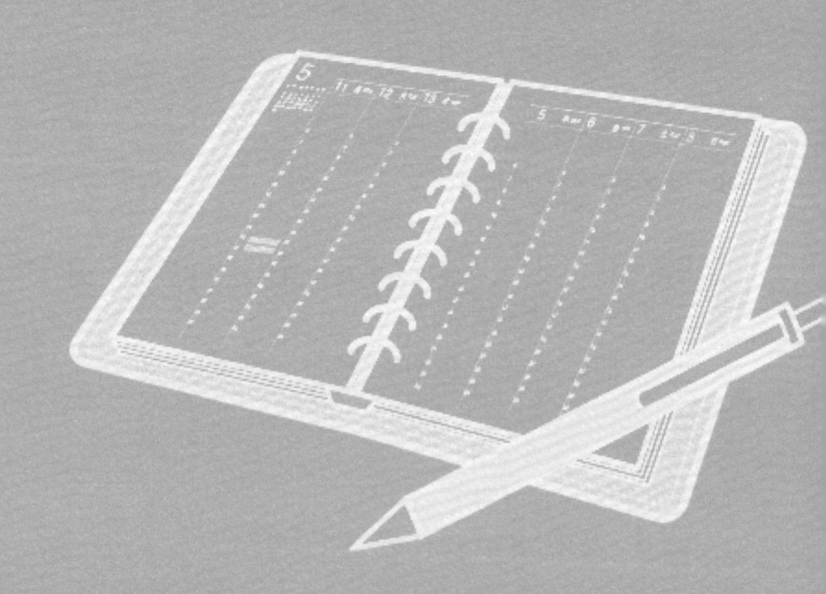

50 提案快速拍板定案，換個文件板夾就成功？

一個板夾的重量就能改變人的決心？這句話聽起來或許令人難以置信，不過實際上，這種瑣碎的小細節確實會深入影響人的心理。

◎ 微不足道的小事也會使心靈天翻地覆

我們的心靈，往往會因為一丁點細枝末節的小事而掀起驚濤駭浪。雖然當事人或許絲毫沒有察覺，但受到的影響卻大得超乎本人的預期。

比方說，假設我設計了一個「新專案」，想徵詢公司各方人士的意見。這個時候，我準備了——

A　有點重的文件板夾

B　比較輕巧的文件板夾

這兩種用具。兩個板夾都夾上紙質和張數完全相同的「問卷表」，用來收集大家的意見。

結果，拿到比較重的A板夾的主管同仁，問卷上填寫的意見大多都是——

「難度太高了，最好不要。」

「這項計畫執行起來太難了。」

相反地，拿到比較輕的B板夾的人，問卷上的答案多半都稍微樂觀一點。

為什麼會產生這麼大的差異呢？

這是因為他們手上拿著輕巧的板夾，不會用太過沉重的感覺去預測或考慮計畫的執行難度。

大家或許會對這個解釋感到驚訝，「頂多就是個板夾而已，哪有那麼嚴重！？」但事實就是如此。

◎ 難以承受之重，令人思考更謹慎

德國歐斯納布魯克大學（Universität Osnabrück）的研究員**凱伊・卡斯帕**（Kai Kaspar）準備了一個沉重的板夾（重達2,026公克），以及一個輕巧的板夾（576公克），分別夾上同一張女性的照片。

研究員拿著這兩個板夾，在街上隨機訪問約100名男性：「你覺得要追到她會有多困難？」

結果，拿到重板夾的那些男性，都接二連三地回答：「我覺得沒這麼好追」。

只要我們手上拿著重物，內心深處也會明顯感覺到「好辛苦」，即使我們本身幾乎不會察覺到這一點。

換句話說，**就物理條件來看，當我們身上攜帶重物時，心理上也會覺得「好沉重」；但如果改拿著輕物，心理上便會覺得「好輕鬆」**。

◎ 善用沉重的筆簽約

這個心理法則其實也能夠巧妙地運用在日常生活當中，甚至是商務場合上。

當我們與對方做重要的約定，或是請對方簽名時，記得不要給他輕巧的簽字筆，改用鋼筆這種比較沉重的筆，效果或許會比較好。這樣我們才能夠透過「重量」傳遞暗示，對方在心理上才會「慎重」地看待這件事。

僅僅只是一丁點差別，就會對我們的心理造成如此深刻的影響。建議各位不妨好好善用這個方法。

拿重物　→　心理上會覺得「沉重」
拿輕物　→　心理上會覺得「輕鬆」

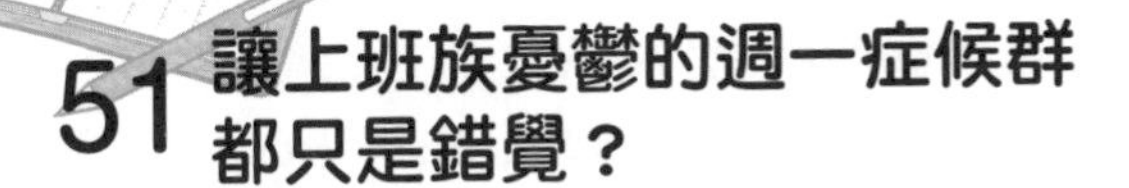

51 讓上班族憂鬱的週一症候群都只是錯覺？

Blue Monday，又稱作「星期一症候群」。症狀是每到週日的深夜，就會開始為明天憂愁……。如果不希望自己反覆發作，那該怎麼辦才好呢？

◎ 憂鬱星期一的好發族群

「唉，明天又要上班了……」

每到星期日，應該有很多讀者都會像這樣哀聲嘆氣吧。似乎很多人到了星期一，感覺就是沒活力、就是提不起幹勁，這種現象就叫作**「憂鬱星期一」**。

不過，這種現象真的實際存在嗎？難道不是過度渲染的刻板印象？

直接從結論來看，的確可以說現實中真的有。

但是，並不是全體人類都會陷入憂鬱星期一的症狀。只有特定的一群人，才會為星期一造成的消沉心理而苦惱。

那麼，是什麼類型的人才會有憂鬱星期一的症狀呢？

答案就是「只有相信它真實存在」的人，身上才會真的出現相關病症。

說得更具體點，現實生活中，**只有那些認為「我每到星期一身體就一定喪失活力、心靈萎縮」，並且信以為真的人，才會有憂鬱星期一的煩惱。**

◎ 是迷信，還是客觀的自我分析？

英國聖詹姆斯大學醫院（St James's University Hospital）的外科醫師賈爾斯．克羅夫特（Giles Croft）請來一群實驗受試者，花了兩週的時間觀察他們每天的心情變化。

與此同時，他也詢問這些受試者：「你相信有憂鬱星期一嗎？」「還是你覺得這只不過是個迷信？」

結果發現，每到星期一，受試者的心情的確會比其他日子變得更消沉。不過，這種症狀僅僅出現在那些相信有憂鬱星期一的人身上。

本來就不曉得什麼是憂鬱星期一，以及根本不相信這麼一回事的受試者，並不會因為星期一的到來而感到明顯的心理不安或是意志消沉。

看來，憂鬱星期一果然只是自以為是的迷信而已。

◎為了新的一週做足準備

正因為你心裡想著「每到星期一，我就是提不起勁啊……」，所以心情才會低落下來；只要別去思考那種事，應該就能預防憂鬱星期一了吧。

上述的應對方法，最貼切的說法就是「病由心生」了。

不過，現實生活中還是有人因為在星期一提不起幹勁而大傷腦筋。

如果有這類煩惱的讀者，建議不妨在**星期日晚上提早就寢**，或是在**星期一早上好好吃一頓早餐**。利用這些方法，就能有效預防憂鬱星期一了。

除此之外，也建議這些人在星期一安排一點愉快的活動。

像我的話，每週都會固定看的漫畫（週刊少年JUMP）剛好都是在星期一發行，所以到了星期一反而都會高高興興地工作。由於下班後多了一份樂趣，根本不會有憂鬱星期一。

52 愈愛操心的人，愈能做好工作？

人只要一操心起來，就會想東想西，任何事非得要做好萬全準備。這種愛操心的人雖然整天都在勞心傷神，卻不會捅出什麼大婁子，總是能收穫不錯的成果。

◎ 滴水不漏的贏家

英國倫敦大學金匠學院（Goldsmiths, University of London）的研究員**亞當．伯金斯**（Adam Perkins）發表過一篇論文，這篇論文一發表便震撼許多人。論文中指出，一個人愈「愛操心」（worriers）、愈容易成為「贏家」（winners）。

大家一般印象裡，或許以為會擔心那些毫無價值、微不足道的小事的人，常常整天勞心傷神，不太可能做得出什麼好成果。但事實似乎恰恰相反。

根據伯金斯在某間金融公司進行的研究調查，發現愈愛操心的人，工作的表現（成果）明顯都特別好。

為什麼愛操心的人，在工作方面也很能幹呢？

原因在於，他們**為了消除自己的擔憂，會連別人不做的事也一併包辦，徹底做好預防措施**。

倘若不做好萬全的事前準備、不加上無懈可擊的預防措施，愛操心的人就無法徹底安下心來。因此他們在職場表現上才能做到滴水不漏。

◎事無巨細，凡事要求完美的行為模式

舉例來說，假設愛操心的人要負責招待公司的老客戶。

如果是一般人，應該會在網路上查一下有哪些好餐廳，隨便挑一間訂位就交差了事吧？

但是愛操心的人，光是這樣做還無法消除自己的擔憂。他們會親自走訪那些餐廳，以顧客的身分實際調查店員的服務態度，唯有親身走訪才能確實放心。他們會想事先確認洗手間的位置，以免給老客戶添麻煩。不僅如此，他們也會考慮到餐廳附近容不容易招到計程車。

除此之外，他們也會思索招待過程的氣氛。為了在過程中可以和客戶談笑風生，他們也會事先收集對方可能有興趣的話題，否則就會坐立難安、擔心自己的臨場表現。

愛操心的人，凡事都非得做到如此鉅細靡遺，永遠沒有不擔憂的一天。但是，正是因為他們能做到萬全的準備，才能讓受到招待的老客戶衷心感到喜悅。

◎面面俱到，自然不會闖大禍

不論是什麼工作都一樣，事前準備妥當，成功的機會才會更高。而愛操心的人，也就是**能夠不辭勞苦做足準備的人，當然就會成功**。

同樣的道理也適用於考生。會擔心「像我這麼笨的人，倘若不比別人用功三倍，怎麼可能考得上大學」的學生，最後應該都能拿到不錯的成績。一派輕鬆地想著「哎唷，總會考上的啦」的

學生，幾乎都不怎麼用功，自然註定失敗。

不只學校課業，就連職場上也是如此，特地擔心那些無意義的瑣碎小事，從長遠角度來看反而才是好事。

或許身邊的人會取笑說「你未免也太小心眼了吧」，但是愛操心絕對不是什麼缺點。這類人應該要很高興自己就是這麼愛操心，唯有**愛操心的人才不會闖出大禍**。

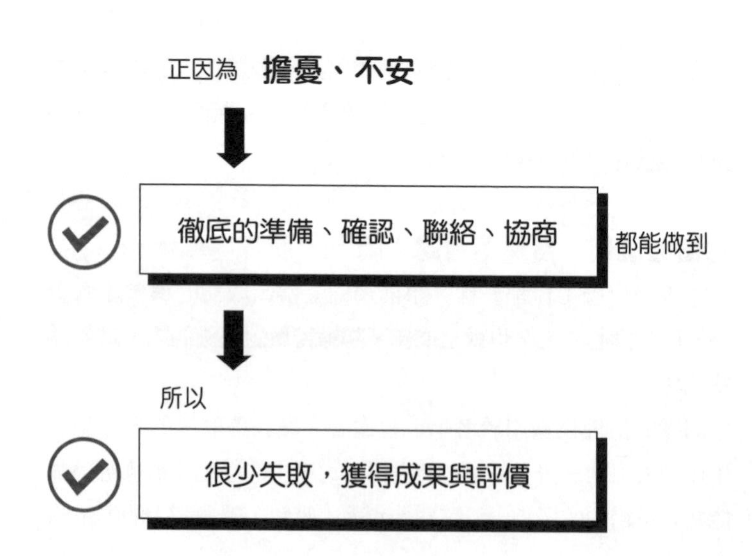

53 專業能力略遜一籌，拚升遷就看人脈鋪得夠遠？

在各位上班的公司裡，都是什麼樣的人才會「步步高升」呢？作風果斷俐落的人當然不在話下，不過意外的是撇除工作能力以外，「攀關係」應該也是很重要的指標。

◎「攀關係」是與他人建立連結

「攀關係」這個詞，通常不會用來形容什麼好事。但是就現實生活而言，努力攀關係絕對稱不上是壞事。

在公司職場裡，善於攀關係的人都比較容易升遷；而且如果是擔任業務或銷售的工作，能夠積極和公司外部人士打好關係的員工，業績都明顯特別出色。

「反正只要處理好自己分內的工作就好了！」只抱持這種心態，絕對無法讓你的職業生涯有所突破。

話說回來，認為「人際關係好麻煩」、「不想花太多心思經營關係」的人，工作也很難稱得上一帆風順。

社會的運作體系，就是由錯綜複雜的人際關係一縷縷編織構成，倘若不願拉攏關係、建立人脈，自然也就無法在社會上生存下來。

◎ 加薪和升遷機會，不只由你的主管決定

德國愛爾朗根－紐倫堡大學（Friedrich-Alexander-Universität Erlangen-Nürnberg）的研究員漢斯．沃夫（Hans Wolff），針對

服務業、製造業和運輸業等跨領域行業，挑選455名相關從業人員進行為期三年的追蹤調查，調查的主旨是「什麼樣的人才能成功」。

沃夫以加薪程度、升遷次數作為「成功」的指標，發現在三年的調查期間內不斷成功往上爬的人，都有一個共同的特徵。這個特徵就是**積極「攀關係」**。

沃夫在調查報告中使用的詞彙是「經營人脈」，意思說白了其實就是「攀關係」。

根據沃夫的說法，**懂得「主動尋求新的際遇」、「和其他部門的人往來」、「和公司外部的人往來」的人，既容易加薪，職位也升遷得比較快**。

◎人際關係的重要性

各位在職場上，是不是覺得自己的職位和待遇多年來始終一成不變呢？

不和任何人打招呼、不與任何人交談，總是默默埋頭只做自己的工作，這類員工的人事考核結果會很出色、升遷也很快嗎？事實恐怕是相反的吧。

常常面帶笑容、會主動向每個人打招呼，不管對誰都能爽朗地談天說地，輕輕鬆鬆就能帶動辦公室話題、炒熱氣氛的人，在職場上才能成為風雲人物，工作機運自然也會暢行無阻。因為這種人從來不樹敵。

即使工作能力稍嫌遜色，只要和氣對待工作夥伴、不說惹人

討厭的話或做出引人非議的行徑，肯定會有升遷的機會。

相反地，不管工作能力再怎麼出眾，若是將所有人排拒在外，職涯是不可能一路暢行無阻，這就是社會的常理。

人脈也關係到職場評價

主動尋求新的際遇

和其他部門的人往來

和公司外部的人往來

→ 要重視人際關係！

54 會議若想速戰速決，最好「站著」開會？

應該不少人都很煩惱自己在遇到難題時，老是拿不定主意吧。沒關係，以後你就「站著」煩惱吧。只是簡單換個姿勢，肯定能幫助你快速做出決定。

◎ 坐著讓你延遲做決定？

有些人就是優柔寡斷、遲遲做不了決定，因為煩惱的事情太多，才無法整理出頭緒。

但是，現代人做生意講求效率，判斷力太差，倉促間下的決斷恐怕會引發致命性的嚴重問題。

不過，與其說是判斷力，更精準一點地說是決策能力才是。決策能力並不是與生俱來的特質或特殊才能，只要掌握一點點小訣竅，就能大幅改善決策的速度。而且，這個訣竅實踐上一點也不難。

這個訣竅就是，**針對某個重大議題下決定時，要「站著」做判斷**。坐在椅子上思考會使判斷力變得遲緩，但是**「站著」做決定，得出結論的過程會出乎意料地順利**。怎麼樣？這個方法很簡單吧。

當然，我也猜到應該會有讀者半信半疑，懷疑「只要站著，就能馬上做出決策？真的假的？」所以，以下就來談談相關的實驗結果。

◎ 決策速度可以縮短三成？

美國密蘇里大學（University of Missouri）的研究員**艾倫·布魯東**（Allen Bluedorn）做了一項實驗，他將受試對象以五人為一組，分成數個小組，並且交給每個小組一個課題，請他們做出判斷。課題是「當太空船故障時，你們覺得需要哪些東西才能在月球上生存？」每組人馬必須為各種道具排出優先順序。

不過，布魯東請其中一半的小組「站著」做課題，另一半則是「坐著」。

那麼，這群人最後究竟花了多少時間才做出決策呢？

經過布魯東的計算，發現站著的小組做出決定的時間平均是589.04秒，而坐著做同一項課題的小組，卻花了788.04秒。由此可見，**站著判斷可以縮短多達33%的時間**。

「站著做」才能快速下決策

<

→ 實驗結果證明
可以縮短3成的時間

◎ 站著就打贏波斯灣戰爭

「我真的每次都很猶豫不決，遲遲做不了判斷。」

「腦子都會一團混亂，實在無法做決定。」

相信應該有不少人都碰過這種煩惱吧？每當陷入這種難以抉擇、焦慮不已的時候，就先從椅子上站起來吧。比起坐著思考半天，站著做決定的效率肯定會加快很多。

在波斯灣戰爭時期，美軍採用了**「站會」(Standing session)**這個會議模式，也就是與會人員全體站著開會。這個方法取代過去坐著開會的模式，讓全體人員站著討論，力求快速俐落、當機立斷。而且這個作法甚至還被稱作是美軍勝利的真正原因(《勝ち組の経済学》淺井隆著，小學館文庫)。

我們的大腦會因為身體坐在椅子上而感到安穩，甚至莫名地悠哉起來，難以集中意識，所以才無法迅速做出判斷。如果你是優柔寡斷的人，下次就試試站著做決定吧。

55 由誰領導會議進行，從「座位」就能定高下？

如果在場的人年紀都相差無幾、職位頭銜也大抵雷同，多半都是依會議上的座席位置，決定由誰來主導這場會議。不論是男性還是女性結果都一樣。

◎ 特定的座位會留給會議的領導人

開會時，多半都是由公司裡的高層人士擔任議長。

但是，在無法確定議長人選的時候，究竟該由誰來擔任這個職務呢？

其實，**座席的位置便足以決定是由哪個人擔任議長**。當然，這也和每個人的性格、年紀、實力，還有工作技能相關，但要是與會人士的這些條件都相差不遠，那麼最大的關鍵就是在「座位」了。

一群職位相同、年齡差不多的人聚在一起開會時，最後就是由座位來決定誰負責領導會議。

話說回來，坐在哪個座位的人比較容易推派成為議長呢？那就是**坐在「主位」的人**。

主位的座席設計，能夠使現場所有的與會人員都能清楚看見該位置的人，因此坐在主位的人選，也會在不知不覺間肩負起領導會議進行方向的任務。事實上，在這個時候，是否能夠勝任議長的人，與當事人具備多少的領袖特質，兩者之間出乎意料地沒什麼明顯的關聯。

◎ 超過七成的座位共識

美國內華達大學（University of Nevada）的研究員**丹尼爾・傑克森**（Daniel Jackson），曾經使用右邊的座位圖，訪問街上民眾：「請問你覺得這裡的領導者是誰？」

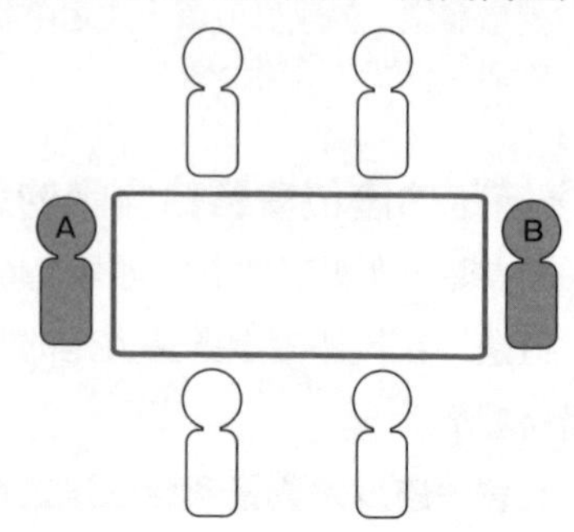

結果，高達70.5%的人認為，坐在兩端主位（A和B）上的人是領導者。

而且無論坐的是男是女，都不會影響大家的認知。只要坐在主位上，不分性別都很容易被大家視為領導者。

◎ 座位決定你的意見是否獲得認同

如果各位讀者想要在會議上好好發揮自己的領袖特質，最好盡可能坐到靠近主位的位置。既然坐在主位能夠領導會議進行，坐在附近的位子自然會比較容易掌握會議的走向。

希望公司同事都能採納自己的意見、希望自己的計畫獲得贊同時，**首先要設法讓自己坐上能夠發揮領袖特質的座位**。唯有坐在這個座位上，你的領袖特質才會「膨風」；要是坐在不起眼的位置，你說的話聽在與會同事的耳裡，就沒什麼分量了。

順帶一提，出席人數較多的大型會議時，建議坐在靠近正中央的位置（參見右圖所示的C和D），會比兩端的主位更好。

和前一個情境不同，參與大型會議時，坐在正中央的座位，會比坐在兩端的人更容易成為議長。

這個道理相信大家在日常生活中便能觀察到，**就連偶像團體、英雄戰隊，也多半是由站在正中間的人擔任隊長。**

畢竟，要是退居到邊緣，不僅不夠醒目，也很難讓大家尊重自己的意見。

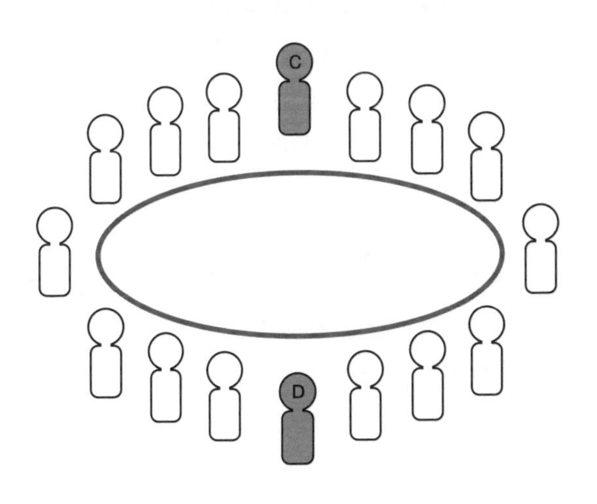

56 傳達壞消息，該口頭告知還是書信通知？

得知別人的「好消息」時，我們都會想要當面直接通知對方，可是遇到「壞消息」就實在難以啟齒了。這種時候到底該怎麼辦才好呢？

◎ 壞消息令人失去開口的勇氣

各位想像一下自己必須向朋友，或者是向家人報告某些消息的情境。

此時，要報告令人滿意的好消息，以及令人難以接受的壞消息時，傳達的方式應該不會一樣吧？

我們在報告值得開心的好消息時，通常會傾向於「自己開口」轉達，**因為我們都會想和對方一同分享這分喜悅**。

「〇〇親口說他很想跟你交往喔！」

「我去看放榜結果了，你錄取了耶！」

像這類令人振奮的消息，我們都會想直接當面告訴對方。

但是，需要轉達無人期望的消息，也就是壞消息的時候，作法就不同了。

此時我們會想用「紙條」、「電子郵件」等間接的方式報告，反正就是用盡所有辦法避免自己親口告知。因為當面告知，會讓自己感到莫名地窘迫與不安。

「〇〇說他不太欣賞你這種人。」

「我去看放榜結果了，你好像沒考上喔。」

諸如此類的消息，我們都儘量不想親自轉達。人情就是這麼一回事吧。

◎ 不得不傳達時，可以怎麼說？

職場上也是如此，大家多半都是好事親口說，壞事寫紙條。

美國卡內基・梅隆大學（Carnegie Mellon University）的研究員李・**史普羅**（Lee Sproull），聯絡了財富美國五百強（Fortune 500，全美最大500家公司）進行調查。

結果發現，主管在通知下屬加薪或升職時，都會直接面對面轉達。可見他們遇到喜事時，也都會希望親自口頭傳達。

不過，當主管必須解雇下屬，或是將他降職時，多半都是透過電子郵件，以公務的形式通知對方。

為什麼人們會下意識選擇用電子郵件傳達壞消息呢？

這是因為**傳達壞消息時，這個口頭傳達的動作，往往會使我們被對方討厭**。

儘管決定減薪的人是老闆，你和這項決策毫無瓜葛，但只要是由你出面告知當事人「公司要給你減薪」，接收當事人負面情緒的人就會是你了。

即使你辯稱自己只是傳話人、跟這項決策一點關係也沒有，但遺憾的是，這麼做也無法避免被討厭的命運。

總而言之，如果不想讓對方覺得你就是帶來壞消息的罪魁禍首，那就**儘量別親口通知壞消息，最好改用紙條或是電子郵件**。請大家要好好記住這一點。

根據通知內容改變「傳達的方式」

好消息最好能當面通知，讓彼此分享喜悅。

不得不通知壞消息時，避免當面傳達才不至於惹對方討厭。

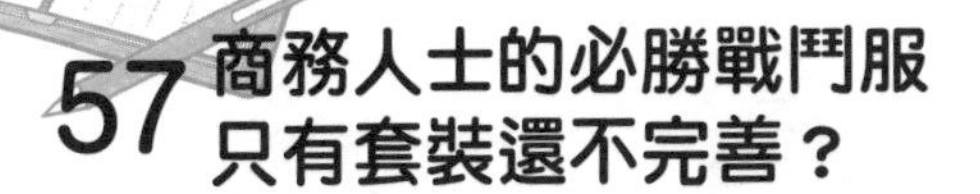

57 商務人士的必勝戰鬥服只有套裝還不完善？

日本企業目前已經完全落實「清涼商務運動」，最近也開始推廣「運動鞋通勤」。愈來愈輕便的裝扮如今已是理所當然，但旁人的觀感又是如何呢？

◎ 打領帶才是商務場合的基本禮儀

注重服裝儀容的整潔，可說是身為社會人士必須具備的基本禮儀。而且這不僅僅只是一種禮貌，也可以說是在社會上成功的必備條件。

雖然穿著整齊清潔的服裝，未必能保證當事人闖蕩職場無往不利；但是穿著不合時宜的服裝，在絕大多數的場合肯定註定以失敗收場。

我前陣子在電視上看到新聞報導，提到「有愈來愈多公司開放員工穿運動鞋上班，不硬性規定穿皮鞋」。但是西裝搭配運動鞋，怎麼想都覺得不像樣。

我個人認為，即使是在公司的便服日，最好也要穿著西裝上班，而且夏天最好還是要打領帶。唯有做到如此，才不會**破壞自己的形象**。

當然，我也知道夏天打領帶實在是非常難受的事，就連我自己也會叫苦連天。但是我依舊認為，就算硬著頭皮也要這樣做比較好。畢竟，這種裝扮才能讓我們的事業更容易成功。

◎ 想成功，就要有成功人士的樣子

美國作家約翰．莫洛（John T. Molloy）在其著作《致勝衣裝》（*New Women's Dress For Success*），強調過整潔服裝的重要性。

莫洛邀請142位企業的主管級人員，花一週的時間每天拍攝下屬的照片。同時，他也請這些主管分別詢問下屬：「你覺得自己將來會成功嗎？」

結果那些服儀十分整齊的人對自己成功的期望，是打扮普通的人的1.5倍，更是穿著寒酸的人的4倍。

只要服裝儀容有條不紊，就能讓自己**看起來像個成功人士**。

而且，**展現成功人士的形象，也有助於達到真正的成功**。周圍的人都會自然而然把你視為成功人士，進而願意用珍重的態度對待你。

◎ 店員的態度也大不相同

美國休士頓大學（University of Houston）的研究員**貝蒂・斯特德**（Bette Stead）分別在五間百貨公司，調查店員會從同時走進大門的顧客當中優先選擇接待哪一位。結果，穿著西裝的男性與穿休閒服的男性相比，有67.3%的西裝男性會率先得到店員的接待。

當店員看見穿著休閒服的人，會覺得**「不用管他也沒關係」、「晚一點再招呼他就好了」**，服務心態就會變得不夠莊重。

如果你希望自己受到重視，那就穿上會受人重視的服裝吧。**如果你不希望被人看扁，就更一定要重視外在形象，為自己準備一身足以受人尊重的行頭才行**。

58 計較回報，只會使你離成功更遙遠？

如果在你都不曾開口拜託的情況下，有個人願意竭盡全力幫助你，任誰都會感激不盡，想著總有一天要報答對方。這就是回應性規範。

◎ 有錢人之所以有錢的原因

要讓自己在職場上無往不利、事業有成，最重要的關鍵就是盡可能拉攏同伴，或者說得更正確一點，是招攬支持自己的粉絲。只要「支持者」愈多，事業無庸置疑會更加順利。

多年前有一份問卷調查，是以日本的富豪為調查對象（《普通の人がこうして億万長者になった》本田健著，講談社）。

這項調查是廣泛將問卷發送給納稅金額在一千萬日圓以上的高額納稅人，並回收大約1,000份填妥的有效資料。

這份問卷的問題是「你覺得自己有多少支持者」，而年收入未滿一千萬日圓的人當中，回答「支持者有100人以上」的只有僅僅1%；年收入三千萬日圓以上的企業大老闆，回答「100人以上」的則有20%。

因此我們可以大致總結，**有錢人是因為獲得很多人的支援，才會成為有錢人**。

◎ 想得到回饋，要先懂得給予

各位讀者應該要怎麼做，才能增加支持自己的粉絲呢？

訣竅就是先讓自己吃虧，為別人做些貢獻。

有句話叫作「施與受」（Give and take），但是實際應用時，先別在意自己「獲得」（take）多少，**總之只要做到徹底「給予」（give）就好**。之後，「獲得」就會漸漸地回饋到你身上了。

只要各位無微不至地體貼、關懷他人，**讓自己吃愈多虧，對方想要回報這份人情的心意就會愈強烈**。

心理學上將這種現象就稱作**「回應性規範」（Norm of reciprocity）**。只要我們待人親切，對方也會回應同等的善意，所以從長遠的眼光來看，你一時的吃虧不代表以後都會吃虧，大可放心。

◎ 要樂於為別人吃虧

美國丹佛大學（The University of Denver）的研究員**保羅・歐爾克**（Paul Olk）指出，除了朋友關係以外，在商務領域也是同樣的道理。**只要對人愈親切，對方就會愈想回報你的親切和善意**。藉由這種方式增加自己的支持者是非常重要的。

擁有「經營之神」稱號的日本企業家松下幸之助，在年輕時期幫人修理電燈時，會連客人沒有委託的地方也一併維修完善後才交差。由於是他自己主動修理委託範圍外的部分，事後也沒有額外向客人收費。但是不難想像，他這樣的作風也確實為他在客戶中樹立起良好口碑，從而拓展客群。

堅稱「我絕不吃虧」的人，想必事業應該不容易成功吧。倘若無法樂於為人犧牲小我，應該做任何事都不會順利的吧。

不求回報、為對方付出得愈多
就有愈多的粉絲和支持者會回饋你

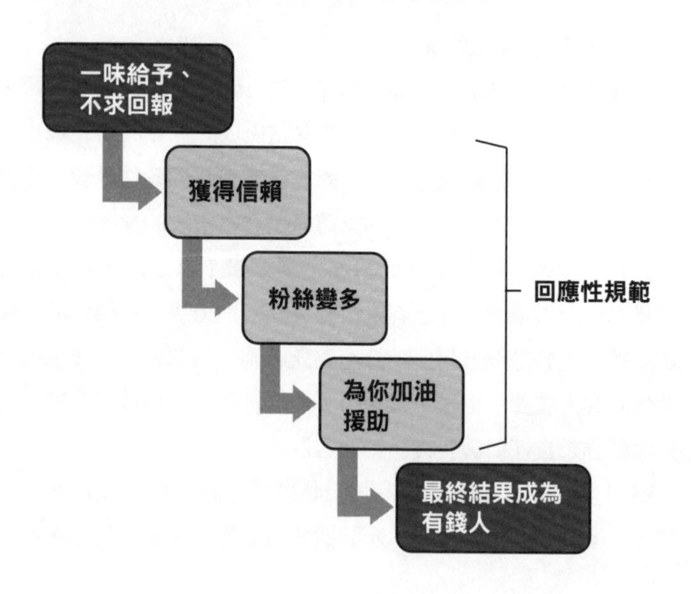

59 帳單加個插圖，就能招攬更多熟客和業績？

各位是不是覺得，只要看到自己收到的信紙或紙條上畫了小插圖，就會不知不覺對捎訊息給你的人產生好印象呢？插圖可以為人帶來正面的心理作用喔。

◎ 插圖能夠帶來好印象

比起純文字的資訊，在旁邊點綴一些可愛的插圖，會比較容易讓人產生好感。

我們看見圖畫時，都會莫名感到親切，也會覺得很溫馨。所以，只要簡單加上一點小插圖，就能大幅提升商品的銷售額。

比方說，我們在餐廳點餐時，一定都會拿到服務生送來的帳單吧。上面多半只會列出點餐內容、數量、金額等基本的資訊，但這樣看起來未免也太枯燥無趣。形式太過於制式化，客人也不會對此產生太大的感覺。

那麼，**如果在帳單上面畫點插圖，結果會怎麼樣？客人會不會感到有點溫馨、心情變得比較好呢？**是否會因此對這家店，或是對特地為他畫插圖的店員產生非常好的印象呢？

◎ 小費的金額也差很多

法國南布列塔尼大學（Université de Bretagne-Sud）的研究員尼可拉斯．蓋根（Nicolas Guéguen），在某間咖啡廳裡做了一項實驗性的查證。

他以177名前來咖啡廳消費的顧客為對象，請店員為某些顧客的帳單畫上「太陽圖案」，至於其他顧客則是拿到什麼也沒畫的普通帳單。

接下來，蓋根統計有多少顧客會給店員小費。結果發現拿到插圖帳單的客人，有37.7%會掏口袋給小費；至於拿到普通帳單的客人，則只有20.7%願意給小費。

想不到**給小費的客人竟然增加了將近兩倍**。只是畫了一個小插圖就能夠有這樣的收穫，實在是太厲害了。

順帶一提，蓋根更進一步統計了小費的金額，結果發現在帳單上畫插圖，可以得到更多的小費。可見不只是願意給小費的客人變多，金額也會跟著上漲。

◎ 有效轉變氣氛，營業額上漲

各個商家會為了促銷而張貼POP廣告海報或是宣傳告示，上面大部分都只有「純文字」說明，像是「○○下殺五折！」這種感覺。

但是，這種作法應該沒什麼太大的效果吧？不過，只要在旁邊空白處加上可愛的少女、小狗、太陽，或是花朵之類的插圖，效果應該會更顯著。真不曉得為什麼店家都不這樣做呢？難道是覺得插圖跟商品沒有關係嗎？

無論如何，善用插圖是件非常值得鼓勵的事。就連寫紙條留言給主管，也不要只是寫字，不妨另外加上自己的簡易肖像畫，肯定能博得主管的好評吧。

即便只是件信手捻來的小事，也會令對方感到開心不已。雖然這只是一種微不足道的服務精神，但一樣能夠大大改善職場的氣氛。

無論是給主管的便條紙，還是POP廣告、收據、宣傳告示，
不妨為所有書面媒介加上插圖吧

60 營運狀況好壞，光從公司名稱就預測一二？

「名稱」也是影響我們心理的因素之一。名稱的發音、響亮程度，以及給人的印象，也足以左右該公司或商品的前途發展。

◎ 公司口碑，大半由發音所決定

心理學家認為，以某種程度來說，「光憑公司名稱」就可以預測該公司的業績。

大家聽了是不是很吃驚呢？

即使完全不知道老闆的個性、資本額的多寡、創業年資，甚至是店鋪地段等詳細的資訊，只要看「公司名稱」，就能預測出這家公司創下多少業績。

比方說，假設有兩家公司分別叫作「Frings」和「Zugster」。

如果是心理學家，一看到這兩家公司的名稱，馬上就能判斷出「Frings」的業績比較好，股價應該也很高。

為什麼他們會知道Frings的業績比較高呢？

這是因為，心理學家都知道**人類容易對簡單好記又琅琅上口的名稱產生好感**。

人們對於發音方式太難、聽起來不夠悅耳的公司名稱，第一印象通常都會沒什麼好感，而且還會下意識避開這家公司，根本不會想支持它。

即使一點也不了解這家公司的背景，也能猜到「名稱不夠響亮」的公司，其業績應該不至於太好。

美國紐約大學（New York University）的研究員**亞當·奧特**（Adam Alter），調查了1990年到2004年在紐約證券交易所，以及美國證券交易所（現NYSE MKT）交易過的1,000筆股票名稱及其股價。

結果發現，像「Belden」這種名稱發音十分簡單的公司，股價會比「Magyar Telekom Távközlési Részvénytársaság」（匈牙利的電話公司）這種名稱又長又不清楚該如何發音的企業，要相對高出許多。

左右業績的主因

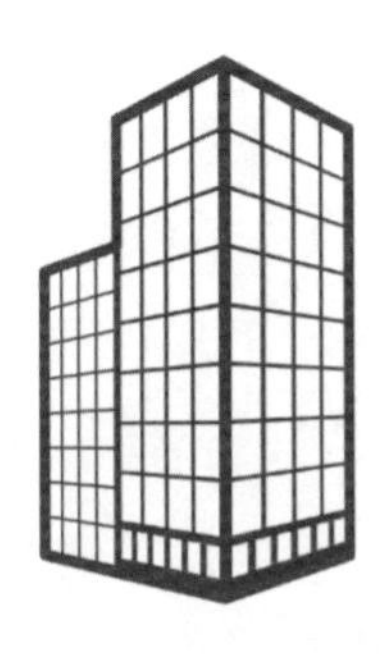

× 老闆的個性
× 資本的多寡
× 創業年資
◎ 公司名稱

・簡單好記的名稱
・琅琅上口的名稱　　最容易博得好感

◎ 這個名稱夠響亮嗎？

事業發展順利、業績蒸蒸日上的公司，往往都有一個聽起來十分順耳又響亮的公司名稱。

今後打算創業的人，千萬不要抱持隨興的心態，想著「公司名稱隨便取就好了啦」，而是應該要仔細考慮名稱，並且盡可能徵詢更多人的意見，確認自己想出的名稱是不是真的夠響亮。

不管名字再怎麼帥氣、再怎麼賦予深刻的意義，只要不好記又不好發音，便無法博得大眾的好感，結果就會導致公司的發展前景堪憂。

附帶一提，這個道理**不只侷限於公司名稱，商品名也適用**。不論是什麼類型的商品，都要取一個能博得最多人好感又容易接受的名字。

商品的內容和功能固然很重要，但是大家最好要記住，名稱始終才是最能影響消費者是否樂意支持的關鍵。

後記

心理學這門學問，其實是一門十分貼近你我的應用科學。或許因為我本身就是心理學者的緣故，感觸總是特別深刻，不過我相信沒有比心理學更有趣的學問了。

我自從接觸心理學起，至今已經大約超過二十年，即使鑽研這麼長一段歲月，卻從來不曾湧現「我已經讀膩了」的念頭。心理學界始終有學者不間歇地持續發表出非常有意思的研究論文，令我深深為這門學問著迷。

我希望將這份心情分享給各位讀者，才會執筆寫下這本書。我撰寫這本書的初衷，便是期望以淺顯易懂、簡單好入門的主題為寫作目標，為大家提供一個對心理學產生興趣的契機。

坊間書市有不少像是「○○心理學」這類一般大眾取向的書籍，然而根據我的印象，這些書的內容多半已經過時，或是論述缺乏根據，令人質疑其可信度。這也讓我不禁擔心，要是大家讀的都是這種毫無新意的書，會不會漸漸便不再有人關注心理學了呢？因此，我才希望自己寫一本任何人都能輕鬆閱讀玩味的一般心理學書籍。

如今這份心願得以實現，著實令我欣喜萬分。我衷心感謝明日香出版社，願意給我這次難能可貴的機會。

說到我本人，我專門研究的領域是人際心理學。「人際」這個詞或許有點難以理解，但簡單解釋，其實就是「人與人往來」的意思。換句話說，人際心理學也就是一門研究「與人交流往來的心理學」。

人與人互動的形式有千百種，有時我會分析主管和下屬的關係，有時則分析男性和女性的戀愛關係，有時也會分析父母與子女的關係。我之所以會寫各種類型的心理學介紹書，追根究柢，正是因為人際心理學所涉及的範疇就是如此廣闊。

如果各位讀完本書以後，覺得這位作者寫的書很好懂、獲得不少新知的話，但願大家有機會也能讀讀本人的其他著作。

最後，本書的撰寫深受明日香出版社編輯部的田中裕也先生指教，在此致上我的謝意。

這本書原本是規劃作為「身邊無處不在的『〇〇學』3小時就上手」系列的其中一冊。去年出版的《身邊無處不在的「科學」3小時就上手》（暫譯，2017年）躍上日本暢銷書籍排行榜，出版社考慮尋覓作家執筆，出版同樣體裁的簡明「心理學」書籍，於是我才會雀屏中選。在這裡也要衷心感激田中先生，願意邀請我擔任作者。謝謝。

另外，也誠心感謝願意閱讀到最後的各位讀者，非常謝謝大家。希望有緣能夠再次相會。

2018年5月
內藤 誼人

參考文獻

Ainslie, G. 1975 Specious reward: A behavioral theory of impulsiveness and impulse control. Psychological Bulletin ,82, 463-496.

Alter, A. L., & Oppenheimer, D. M. 2006 Predicting short-term stock fluctuations by using processing fluency. Proceedings of the National Academy of Sciences ,103, 9369-9372.

Andereck, K. L., & Becker, R. H. 1993 Perceptions of carry-over crowding in recreation environments. Leisure Sciences ,15, 25-35.

Bandura, A., & Schunk, D. H. 1981 Cultivating competence, self-efficacy, and intrinsic interest through proximal self-motivation. Journal of Personality and Social Psychology ,41, 586-598.

Baron, R. A. 1997 The sweet smell of...helping: Effects of pleasant ambient fragrance on prosocial behavior in shopping malls. Personality and Social Psychology Bulletin ,23, 498-503.

Bluedorn, A. C., Turban, D. B., & Love, M. S. 1999 The effect of stand-up and sit-down meeting formats on meeting outcomes. Journal of Applied Psychology ,84, 277-285.

Bronfenbrenner, U. 1961 The mirror image in Soviet-American relations: A social psychologist's' report. Journal of Social Issues ,17, 45-56.

Bushman, B. J. 2006 Effects of warning and information labels on attraction to television violence in viewers of different ages. Journal of Applied Social Psychology ,36, 2073-2078.

Buss, D. M. 1989 Sex differences in human mate preferences: Evolutionary hypothesis tested in 37 cultures. Behavioural and Brain Sciences ,12, 1-49.

Carton, A. M., & Aiello, J. R. 2009 Control and anticipation of social interruptions: Reduced stress and improved task performance. Journal of Applied

Social Psychology ,39, 169-185.

Chernev, A. 2004 Extremeness aversion and attribute-balance effects in choice. Journal of Consumer Research ,31, 249-263.

Croft, G. P., & Walker, A. E. 2001 Are the Monday Blues all in the mind? The role of expectancy in the subjective experience of mood. Journal of Applied Social Psychology ,31, 1133-1145.

Danzer, A., Dale, J. A., & Klions, H. L. 1990 Effect of exposure to humorous stimuli on induced depression. Psychological Reports ,66, 1027-1036.

De Boer, H., Bosker, R. J., & Van der Werf, M. P. C. 2010 Sustainability of teacher expectation bias effects on long-term student performance. Journal of Educational Psychology ,102, 168-179.

DeVoe, S. E., House, J., & Zhong, C. B. 2013 Fast food and financial impatience: A socioecological approach. Journal of Personality and Social Psychology ,105, 476-494.

Ebbesen, E. B., Kjos, G. L., & Konecni, V. J. 1976 Spatial ecology: Its effects of the choice of friends and enemies. Journal of Experimental Social Psychology ,12, 505-518.

Eisenberger, R., & Armeli, S. 1997 Can salient reward increase creative performance without reducing intrinsic creative interest? Journal of Personality and Social Psychology ,72, 652-663.

Evans, G. W., & Wener, R. E. 2007 Crowding and personal space invasion on the train: Please don't make me sit in the middle. Journal of Environmental Psychology ,27, 90-94.

Finkelstein, S. R., & Fishbach, A. 2010 When healthy food makes you hungry. Journal of Consumer Research ,37, 357-367.

Forgas, J. P. 1976 An unobstrusive study of reactions to inhibitor of horn-honking responses. Journal of Social Psychology ,76, 213-218.

Gilovich, T., Medvec, V. H., & Savitsky, K. 2000 The spotlight effect in social judgment: An egocentric bias in estimates of the salience of one' own actions and appearance. Journal of Personality and Social Psychology ,78, 211-222.

Goldstein, N. J., Cialdini, R. B., & Griskevisius, V. 2008 A room with a viewpoint: Using social norms to motivate environmental conservation in hotels. Journal of Consumer Research ,35, 472-482.

Grammer, K. 1992 Variations on a theme: Age dependent mate selection in humans. Behavioral and Brain Sciences ,15, 100-103.

Greenwald, A. G., Spangenberg, E. R., Pratkanis, A. R., & Eskenazi, J. 1991 Double-blind tests of subliminal self-help audiotapes. Psychological Science ,2, 119-122.

Gueguen, N., & Legoherel, P. 2000 Effect of tipping of Barman drawing a Sun on the bottom of customers' checks. Psychological Reports ,87, 223-226.

Hirshleifer, D., & Shumway, T. 2003 Good day sunshine: Stock returns and the weather. Journal of Finance, 58, 1009-1032.

Hill, R. A., & Barton, R. A. 2005 Red enhances human performance in contests. Nature , 435, 293.

Holden, R. T. 1986 The contagiousness of air craft hijacking. American Journal of Sociology ,91, 874-904.

Isaacowitz, D. M. 2005 The gaze of the optimist. Personality and Social Psychology Bulletin ,31, 407-415.

Iyengar, S. S., & Lepper, M. R. 2000 When choice is demotivating: Can one desire too much of a good thing? Journal of Personality and Social Psychology ,79, 995-1006.

Jackson, D., Engstrom, E., & Sommer, E. T. 2007 Think leader, think male and female: Sex vs seating arrangement as leadership cues. Sex Roles ,57, 713-723.

Johnson, E. J., & Goldstein, D. 2003 Policy forum: Do defaults save lives?

Science ,302, 1338-1339.

Jones, D. C. 2001 Social comparison and body image: Attractiveness comparisons to models and peers among adolescent girls and boys. Sex Roles ,45, 645-664.

Kachalia, A., Kaufman, S. R., Boothman, R., Anderson, S., Welch, K., Saint, S., & Rogers, M. A. M. 2010 Liability claims and costs before and after implementation of a medical error disclosure program. Annals of Internal Medicine, 153, 213-221.

Kaspar, K., & Krull, J. 2013 Incidental haptic stimulation in the context of flirt behavior. Journal of Nonverbal Behavior ,37, 165-173.

Kitayama, S., & Karasawa, M. 1997 Implicit self-esteem in Japan: Name letters and birthday numbers. Personality and Social Psychology Bulletin ,23, 736-742.

Kuo, F. E., & Sullivan, W. C. 2001 Environment and crime in the inner city: Does vegetation reduce crime? Environment and Behavior ,33, 343-365.

Lally, P., van Jaarsveld, C. H. M., Potts, H. W. W., & Wardle, J. 2010 How are habits formed: Modeling habit formation in the real world. European Journal of Social Psychology ,40, 998-1009.

Latane, B., & Dabbs, J. M. Jr. 1975 Sex, group size and helping in three cities. Sociometry ,38, 180-194.

Legrand, F. D., & Apter, M. J. 2004 Why do people perform thrilling activities? A study based on reversal theory. Psychological Reports , 94, 307-313.

McCann, S. J. H. 2014 Happy twitter tweets are more likely in American States with lower levels of resident neuroticism. Psychological Research ,114, 891-895.

Medvec, V. H., Madey, S. F., & Gilovich, T. 1995 When less is more: Counterfactual thinking and satisfaction among Olympic medalists. Journal of

Personality and Social Psychology ,69, 603-610.

Miller, A. R. 1969 Analysis of the Oedipal complex. Psychological Reports ,24, 781-789.

Nasco, S. A., & Marsh, K. L. 1999 Gaining control through counterfactual thinking. Personality and Social Psychology Bulletin ,25, 556-568.

Neff, L. A., & Broady, E. F. 2011 Stress resilience in early marriage: Can practice make perfect? Journal of Personality and Social Psychology ,101, 1050-1067.

Neuhoff, C. C., & Schaffer, C. 2002 Effects of laughing, smiling, and howling on mood. Psychological Reports ,91, 1079-1080.

Newhagen, J. E., & Reeves, B. 1992 The evenings' bad news: Effects of compelling negative television news images on memory. Journal of Communication ,42, 25-41.

Olk, P. M., & Gibbons, D. E. 2010 Dynamics of friendship reciprocity among professional adults. Journal of Applied Social Psychology ,40, 1146-1171.

OMara, E. M., McNulty, J. K., & Karney, B. R. 2011 Positively biased appraisals in everyday life: When do they benefit mental health and when do they harm it? Journal of Personality and Social Psychology ,101, 415-432.

Perkins, A. M., & Corr, P. J. 2005 Can worriers be winners? The association between worrying and job performance. Personality and Individual Differences ,38, 25-31.

Pool, M. M., Koolstra, C. M., & Voort, T. H. A. V. 2003 The impact of background radio and television on high school students homework performance. Journal of Communication, 53, 74-87.

Poutvaara, P., & Jordahl, H., & Berggren, N. 2009 Faces of politicians: Babyfacedness predicts inferred competence but not electoral success. Journal of Experimental Social Psychology ,45, 1132-1135.

Proffitt, D., & Clore, G. 2006 Embodied perception and the economy of action. Perspectives on Psychological Science ,1, 110-122.

Provine, R. R. 1986 Yawning as a stereotyped action pattern and releasing stimulus. Ethology, 72, 109-122.

Redelmeier, D. A., & Tibshirani, R. J. 1999 Why cars in the next lane seem to go faster. Nature ,401, 35.

Rodin, J., & Langer, E. J. 1977 Long-term effects of a control-relevant intervention with the institutionalized aged. Journal of Personality and Social Psychology ,35, 397-402.

Roy, M. M., & Christenfeld, N. J. S. 2004 Do dogs resemble their owners? Psychological Science ,15, 361-363.

Sanford, K. 2014 A latent change score model of conflict resolution in couples: Are negative behaviors bad, benign, or beneficial? Journal of Social Personal Relationships ,31, 1068-1088.

Schkade, D. A., & Kahneman, D. 1998 Does living in California make people happy? A focusing illusion in judgments of life satisfaction. Psychological Science ,9, 340-346.

Segal, M. W. 1974 Alphabet and attraction: An unobtrusive measure of the effect of propinquity in a field setting. Journal of Personality and Social Psychology ,30, 654-657.

Silvestri, L. 1997 Benefits of physical activity. Perceptual and Motor Skills ,84, 890.

Sproull, L., & Kiesler, S. 1986 Reducing social context cues: Electronic mail in organizational communication. Management Science ,32, 1492-1512.

Stafford, L., Merolla, A. J., & Castle, J. D. 2006 When long-distance dating partners become geographically close. Journal of Social Personal Relationships ,23, 901-919.

Stead, B. A., & Zinkhan, G. M. 1986 Service priority in department stores: The effects of customer gender and dress. Sex Roles ,15, 601-611.

Todorov, A., Mandisodza, A. N., Goren, A., & Hall, C. C. 2005 Inferences of competence from faces predict election outcomes. Science , 308, 1623-1625.

Wolff, H. G., & Moser, K. 2009 Effects of networking on career success: A longitudinal study. Journal of Applied Psychology , 94, 196-206.

Zajonc, R. B., Adelmann, P. K., Murphy, S.T., & Niedenthal, P. M. 1987 Convergence in the physical appearance of spouses. Motivation and Emotion , 11, 335-346.

■作者簡歷

內藤 誼人

心理學家，立正大學客座教授，UNGILD有限公司代表董事。慶應義塾大學社會學研究所博士課程結業。

心理學行動主義者，致力將社會心理學的論點應用於商業領域，同時也是著書超過200本的暢銷作家。主要著作有《3小時「男女心理學」速成班！》（楓書坊）、《虛張聲勢心理學》（瑞昇）、《假裝不緊張就贏一半》（遠流）、《說話有趣逼得每個人都愛你的62個技巧》（大樂文化）、《第二印象：扳回劣勢的最強人心操控術》（三采）等。

3小時「日常心理學」速成班！

出　　版／楓書坊文化出版社
地　　址／新北市板橋區信義路163巷3號10樓
郵政劃撥／19907596 楓書坊文化出版社
網　　址／www.maplebook.com.tw
電　　話／02-2957-6096
傳　　真／02-2957-6435
作　　者／內藤誼人
翻　　譯／陳聖怡
責任編輯／江婉瑄
內文排版／謝政龍
港澳經銷／泛華發行代理有限公司
定　　價／320元
初版日期／2020年4月

國家圖書館出版品預行編目資料

3小時「日常心理學」速成班！ / 內藤誼人作；陳聖怡譯. -- 初版. -- 新北市：楓書坊文化, 2020.04　面；　公分

ISBN 978-986-377-573-7（平裝）

1. 心理學

170　　109001313